기획·tvN STORY 〈벌거벗은 한국사〉 제작진

과거의 어느 시간대로든 떠나, 우리나라 역사 속의 중요한 사건과 흥미로운 인물들을 만날 수 있는 '역사 스토리텔링' 프로그램을 만들었습니다. 우리 역사의 장면을 재밌고 흥미진진하게 전달하면, 여러분의 기억 속에 오래 남을 수 있을 거라는 생각으로 만든 것이 〈벌거벗은 한국사〉입니다.

글·박선주

오랫동안 시사·교육 분야 프로그램을 만드는 방송 작가로 일했습니다. 특히 교육 프로그램을 만들면서 독서가 아이들의 지적·정서적 성장에 큰 영향을 준다는 걸 알게 되어, 독서 지도와 함께 어린이책에 글을 쓰고 있습니다. 쓴 책으로는 〈EBS 60분 부모〉가 있습니다.

그림·이효실

중앙대학교에서 한국화를 공부하고 영국 킹스턴 대학교에서 일러스트레이션을 공부한 뒤, 현재 어린이책 그림작가로 활동하고 있습니다. 차분하면서도 편안한 그림으로 아이들의 마음을 따뜻하게 담아냅니다. 《난 꿈이 없는걸》《쉿! 갯벌의 비밀을 들려줄게》《가족 바꾸기 깜짝 쇼》《좋아서 껴안았는데, 왜?》《부릅뜨고 꼼꼼 안전》《부릅뜨고 똑똑 표지판》을 비롯한 여러 어린이책에 그림을 그렸습니다.

감수·계승범

서강대학교 사학과를 졸업하고 워싱턴 주립대에서 박사학위를 받았습니다. 현재 서강대학교 사학과 교수로 일하고 있으며 동아시아 맥락에서 보는 조선시대 정치, 한중관계사를 주로 탐구하고 있습니다. 쓴 책으로는 《모후의 반역》《중종의 시대》《조선시대 해외파병과 한중관계》 등이 있습니다. 우리나라 역사에 관한 다양한 이야기를 들려 주기 위해 tvN STORY 〈벌거벗은 한국사〉에 출연했습니다.

감수·김경수

청운대학교 교양대학에서 한국사를 가르치고 있으며, 방촌황희사상연구소 부소장, 조선시대사학회 연구이사, 충청남도 문화재 위원으로 활동하고 있습니다. 역사가 우리 일상에서 생생하게 살아 숨 쉬는 한 부분이 되기를 바라는 마음으로 tvN STORY 〈벌거벗은 한국사〉에 출연했습니다. 쓴 책으로는 《조선시대의 사관연구》《이순신의 난중일기 읽기》《평역 난중일기》《왜 조선왕조실록은 왕이 볼 수 없었을까?》《대한민국 세계유산》 들이 있습니다.

감수·정해득

한신대학교 인문대학 한국사학과 부교수로 일하고 있으며 서울시 문화재위원회 위원, 서울시 시사편찬위원회 위원으로 활동하고 있습니다. 조선시대사를 전공했으며 쓴 책으로는 《조선 왕릉제도 연구》《정조시대 현륭원 조성과 수원》 공동 집필한 책으로는 《조선 왕릉 사전》《한국문화와 유물유적》 들이 있습니다. 우리나라 문화와 조선 시대에 관한 이야기를 더 많은 이들에게 전달하기 위해 tvN STORY 〈벌거벗은 한국사〉에 출연했습니다.

기획의 말

'이 땅에서 현재를 살아가는 우리, 이 땅에서 살았을 우리 조상들. 비록 살았던 시간은 다르지만 같은 땅을 딛고 산 수많은 사람들. 그들은 과연 어떤 삶을 살았을까?'
저희는 이러한 질문에서부터 시작했습니다. 그리고 이 궁금증을 어떻게 해결할 수 있을지 고민했습니다. 이런 고민 속에서 우리는 뜻을 모을 수 있었습니다.

〈벌거벗은 한국사〉는 과거행 특급 열차 히스토리 트레인 익스프레스(HTX, History Train Express)를 타고, 한국사 여행을 떠납니다. 반만년 우리 역사의 수많은 사건과 인물들이 있는 '역사의 현장'에 도착하지요. 그리고 그 뒤에 숨은 이야기를 벌거벗겨 봅니다.

많은 역사적 사실들은 어렵고 딱딱하고 접근하기 어려운 부분이 있지만, 역사의 현장감을 살린 쉽고 재미있는 스토리텔링 방식이라면 한국사를 부담 없이 즐길 수 있을 거예요.

이 책은 방송 프로그램에서 방영되었던 방대한 역사적 사건과 인물들 중 초등학생이 꼭 알아야 할 필수적인 이야기를 엄선했어요. 주인공들과 함께 HTX를 타고 과거로 가 생생한 현장을 마주하고, 매직 윈도우로 당시와 현재를 보면서 한국사를 낱낱이 벌거벗기는 여행을 합니다. 이 과정을 통해 어린이는 스스로 '역사 속 주인공'이 되어 몰입할 수 있어요. 역사 지식을 단순히 아는 것에서 나아가 사건과 인물이 처한 환경과 인과 관계까지 파악할 수 있어 역사적 사고력을 키울 뿐만 아니라, 올바른 역사의식도 세울 수 있지요.

그럼, 지금부터 한국사 여행 출발해 볼까요?

 제작진

등장인물

HTX 기관사 한역사
이름에서 풍겨 나오는 역사의 냄새!
한국사를 꿰뚫고 있는 역사 선생님!
선생님이라고 말하지 않으면 옆집 아저씨 같다.
수일 동안 작업실에서 뚝딱뚝딱하더니
HTX 열차를 개발했다. 이쯤이면
역사 선생님인지 과학자인지 헷갈릴 정도!

HTX VIP 탑승객 이조선 교수
끼리끼리 만난다는 말의 표본!
한 쌤과 역사로 통하는 오랜 친구로,
특히 조선 역사라면
누구보다 할 말이 많다.

차례

등장인물 • 6
프롤로그 • 10

개혁과 통합의 시대를 연 영조

- **1장** 탕평으로 개혁을 한 영조 • 18
- **2장** 비운의 사도 세자 • 50

조선 후기 중흥을 이끈 정조

- **3장** 성군이 된 정조 • 74
- **4장** 화성과 개혁 군주의 꿈 • 94

에필로그 • 116

| 1724 영조 즉위 | 1728 이인좌의 난 | 1759 균역법 실시 | 1762 임오화변 | 1776 정조 즉위, 규장각 설치 |

세계사

1740 오스트리아 왕위 계승 전쟁 발발 | 1756 7년 전쟁 | 1765 와트, 증기 기관 완성 | 1776 미국 독립 선언

<「벌거벗은 한국사」 방송 시청하기>
 12회
 23회
 26회

역사 정보

① **시대 배경 살펴보기** • 122

② **인물 다르게 보기** • 124

③ **또 다른 역사 인물들** • 126

• 주제 마인드맵 • 128

벌거벗은 한국사 퀴즈

• 영조 편 • 130

• 정조 편 • 132

• 정답 • 134

사진 출처 • 135

- 1785 장용영 설치
- 1794 수원 화성 건축 시작
- 1795 화성 행차
- 1796 수원 화성 완성
- 1800 정조 죽음

- 1789 프랑스 혁명
- 1792 프랑스 공화국 선포, 인권 선언 발표

"다섯 번째 한국사 여행의 문을 여는 퀴즈! 여주가 바로 정답을 맞혔네요. 이건 뒤주입니다."

한역사 쌤이 퀴즈의 정답을 알려 주자 마이클이 뭔가 번쩍 떠오른 듯 말했어요.

"아하! 저 뒤주, 민속 박물관에서 본 적이 있어요. 그런데 뒤주가 왜 여기 있나요? 이번 한국사 여행 주제가 쌀이에요?"

"쌀에 대한 이야기? 조선 시대에 쌀과 관련한 사건이 있었나? 혹시 농민들의 이야기?"

만세는 이번 한국사 여행의 주제가 무엇인지 곰곰이 생각했어요. 이때 여주가 어깨를 한껏 올리며 자신있게 말했어요.

"내 생각엔 사도 세자가 주제야. 조선 역사에서 뒤주 하면 가장 먼저 사도 세자가 떠오르거든."

"오, 역사 드라마를 좋아한다더니 '척 하면 삼천리'네요."

이조선 교수님이 여주를 향해 엄지를 치켜세웠어요.

"그렇습니다. 이번 한국사 여행에서는 뒤주에 갇힌 사도 세자와 그의 아버지, 그리고 그의 아들까지 3대에 걸친 이야기를 할 거예요."

한 쌤의 말에 만세가 고개를 갸웃하며 물었어요.

"쌤, 사도 세자는 누구고, 왜 왕이 될 세자가 뒤주에 갇혔어요?"

"사도 세자는 조선 21대 왕인 영조의 둘째 아들이에요. 사도 세자가 뒤주에 갇힌 건…….”

한 쌤이 말하는데 여주가 갑자기 끼어들었어요.

"사도 세자의 아버지 영조가 그런 거잖아요. 드라마에서 사도 세자더러 '뒤주에 들어가라.' 하고 너무 차갑게 말하는 걸 보았어요. 그때 엄청 충격 받았어요."

"맞아요. 사도 세자를 가둔 건 충격적이게도 아버지 영조였어요. 뒤주에 가둔 채 물과 음식을 주지 않아 사도 세자는 8일 만에 세상을……."

이조선 교수님은 가슴이 아픈지 말끝을 흐렸어요.

"소름! 피도 눈물도 없는 아버지다. 대체 왜 그런 거예요?"

만세가 놀라서 질문을 던졌어요. 그러자 여주가 말했어요.

"드라마에서 봤는데 사도 세자가 아버지 눈 밖에 날 짓을 많이 했거든."

"눈 밖에 나더라도 아들이고 세자잖아. 뒤주에 가두고 죽게 한 건 너무한 거 아니야?"

마이클이 이해할 수 없다는 듯 고개를 절레절레 저었어요.

"영조는 아들 사도 세자에게 거는 기대가 컸어요. 사도 세자는 어린 시절에 무척 똑똑했어요. 하지만 자라나면서 점점 공부보다 무예에 관심을 두었죠. 영조는 이게 못마땅했어요."

한 쌤의 말에 만세가 눈을 동그랗게 뜨며 물었어요.

"무예에 관심을 두는 게 왜 못마땅해요? 우리 엄마 아빠는 내가 운동 열심히 하면 좋아하시는데. 물론 운동만 하지 말고 공부도 하라고 이렇게 HTX에 보내 주시긴 했지만요."

만세의 물음에 이조선 교수님이 말했어요.

"영조와 사도 세자는 평범한 아버지와 아들 관계가 아니라 왕과 왕이 될 세자 관계예요. 그리고 이 나라가 어떤 나라예요? 글공부를 중시하는 '조선'이잖아요. 영조는 사도 세자가 글공부를 열심히 해서 신하들보다 지식이 뛰어난 왕이 되기를 바랐어요. 그런데 사도 세자는 영조의 바람대로 크지 않았죠. 게다가 사도 세자는 잘못된 행동도 했어요. 영조는 사도 세자가 점점 더 못마땅했고, 신하들이 보고 있는데도 사도 세자를 꾸짖기도 했어요."

"신하들이 보고 있는데 창피하게 혼을 냈다고요? 그러면 삐뚤어지는데."

만세가 입을 삐죽거렸어요.

"오잉? 어떻게 그렇게 잘 알아? 만세, 네 얘기야?"

여주가 눈을 찡긋하며 어깨로 만세를 툭 밀쳤어요.

"사도 세자도 아마 여러분과 같은 마음이었을 거예요. 늘 아버지가 혼내기만 하니 삐뚤어졌어요. 그런 사도 세자를 영조는 두고볼 수 없었고, 결국 뒤주에 가둬 죽이는 일이 일어나고 말았지요."

"하지만 이번 한국사 여행이 슬프지만은 않을 거예요. 영조가 사도 세자를 뒤주에 가둔 사건은 조선 왕실 역사상 가장 비극적인 사건이지만, 영조 다음 왕이 된 사도 세자의 아들, 정조 시대는 그야말로 '부흥기'였거든요."

마이클이 깜짝 놀라 말했어요.

"앗, 정조가 사도 세자의 아들이었어요?"

"그걸 몰랐단 말야? 정조가 드라마랑 영화에 얼마나 많이 나오는데……."

여주가 어깨를 으쓱하며 말했어요.

"쌤, 어서 출발해요! 어떤 얘기인지 궁금해서 못 참겠어요."

마이클의 재촉에 한 쌤이 빙그레 웃으며 말했어요.

"우리는 영조가 즉위한 지 18년째인 1742년의 조선으로 갈 거예요. 영조는 혼란스러운 당쟁 속에서 중심을 잘 잡았던 왕으로 유명해요. 영조는 과연 어떤 왕이었을까요? 또 아버지를 잃은 슬픔을 가진 정조는 어떻게 조선의 부흥을 이룬 왕이 됐을까요? 자, 그럼 떠나 볼까요?"

개혁과 통합의 시대를 연 영조

탕평으로 개혁을 한 영조

비각 안에 비석이 있어요!

쌤, 저 비석은 탕평비죠?

맞아요. '탕평'의 뜻, 지금부터 설명해 줄게요.

우리는 지금 1742년, 조선 시대 최고의 유학 교육 기관인 성균관에 도착했어요. 지금 보는 비석은 '탕평비'예요. '탕평'은 쓸어 버릴 탕(蕩), 평평할 평(平) 자를 쓰는 한자말이에요. 그런데 무엇을 쓸어 버려서 평평하게 한다는 뜻일까요?

탕평비는 영조가 세웠어요. 영조는 탕평비에 '두루 사귀되 편을 가르지 않는 것이 군자의 공정한 마음이요. 편을 가르고 두루 사귀지 않는 것은 소인의 사사로운 마음이다.'라는 글귀를 새겨 놓았어요.

군자라면 편을 가르지 말아야 한다는 말, 느낌이 오죠? 영조가 쓸어 버려야 한다고 생각한 것은 바로 편을 가르는 싸움이었어요. 영조가 다스리던 시대가 어땠길래 비석까지 세워 탕평을 강조했을까요? 그 이야기 속으로 함께 떠나 볼까요?

탕평비 →

한자 박사 마이클이 한번 읽어 볼까요?

주이불비
내군자지공심
비이불주
식소인지사의!

붕당의 대립

> **경종**
> 조선 20대 왕. 재위했던 1720년
> ~1724년은 노론과 소론의 당쟁
> 이 절정기였다.

1724년 음력 8월 25일, 건강이 나빠 자리에 누워 지내던 경종이 세상을 떠났어요. 자식이 없었던 경종의 뒤를 이어 왕이 된 사람은 경종의 동생인 연잉군이었어요. 연잉군이 바로 영조예요.

영조는 왕이 되기까지 숱한 어려움을 겪었어요. 목숨을 잃을 뻔하기도 했지요. 도대체 이게 무슨 얘길까요? 영조가 왕이 되기 전, 연잉군 시절로 돌아가 이야기를 시작해 볼게요.

경종과 연잉군의 아버지는 조선 19대 왕인 숙종이에요. 숙종 때 조선의 조정은 몹시 혼란스러웠어요. 나라를 어떻게 이끌 것인지를 두고 붕당 간에 의견이 크게 엇갈려 왕이 결정을 내리기 어려웠거든요. 붕당이 뭐길래 왕을 어려움에 빠뜨리고 나라를 혼란스럽게 만들었을까요?

붕당의 한자는 벗 붕(朋), 무리 당(黨)이에요. 여기서 '벗'은 단순히 사이좋은 친구를 가리키지 않아요. 같이 공부하며 뜻을 키운 사람, 곧 학문의 방향과 정치에 대한 생각이 비슷한 사람을 말하죠. '당'은 이해관계를 중심으로 모인 집단을 가리키니까 붕당은 학파가 같고 정치 이념을 같이하는 이들이 자신들의 이해관계를 위해 뭉친 무리라고 할 수 있어요.

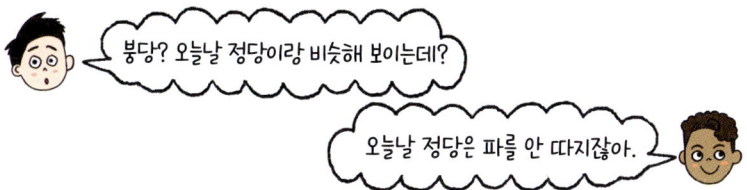

붕당은 선조 때에 형성되었어요. 처음에 붕당은 서로 비판하고 견제하면서 정치를 잘 이끌었어요. 어떤 정책이 나오면, 붕당들은 그 정책이 올바른 것인지 따져 의견을 보태거나 협조를 했죠. 하지만 시간이 지나자 붕당은 변질되어 갔어요.

붕당들은 상대 붕당의 의견을 인정하지 않고, 자기 붕당의 의견만 내세웠어요. 또 자기 붕당의 사람을 더 많이 관직에 앉히려고 상대 붕당을 흠집 내기도 했어요. 이런 대립은 숙종 때에 최고조에 이르렀고, 숙종의 뒤를 누가 이을지를 놓고 붕당들은 크게 부딪쳤어요.

↑ 붕당의 분화

남인과 소론은 경종의 어머니인 장희빈과 운명을 같이 했던 이들이라 경종을 지지했고, 노론은 후궁인 숙빈 최씨의 아들인 연잉군을 밀었어요. 경종은 장희빈이 숙종의 사랑을 받던 때에 세자로 책봉되었어요. 하지만 숙종과 사이가 멀어져 장희빈이 사약을 받으면서, 세자였던 경종은 물론 남인과 소론도 불안한 날들을 보냈죠. 노론이 끊임없이 세자 자리를 위협했으니까요.

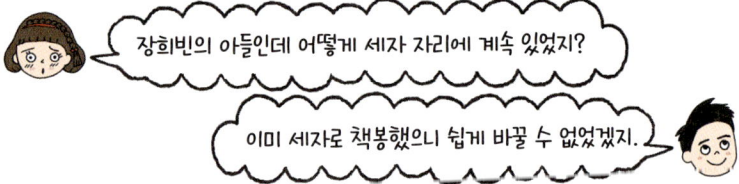

그러던 1720년, 숙종은 세상을 떠났고, 왕위는 경종이 이어 받았어요. 경종의 편에 섰던 소론과 남인은 덩달아 기세가 살아났어요. 반대로 노론은 어려운 처지에 놓였어요.

노론은 1504년에 있었던 '갑자사화'를 떠올렸어요. 갑자사화는 연산군이 자신의 친어머니인 폐비 윤씨의 죽음과 관련된 신하들을 모조리 죽였던 사건이에요. 얼마나 많은 신하들을 죽였던지 조정은 큰 혼란에 빠졌었죠. 장희빈의 죽음에 연루되어 있는 노론은 갑자사화와 같은 일을 당하지 않기 위해 방법을 찾아야 했어요.

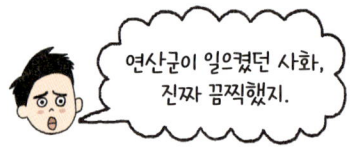

경종의 즉위식이 있은 지 두 달여 만이던 어느 날, 노론의 한 신하가 경종을 찾아가 이렇게 말했어요.

"전하에게 후사가 없으니, 나라가 위태롭고 민심이 불안할 수밖에 없습니다. 하루속히 후사를 정하시옵소서."

이게 무슨 말일까요? 경종에게 아들이 없으니 이복동생인 연잉군을 세제로 정하라는 것이지요. 세제는 왕위를 이어받을 왕의 아우를 뜻해요. 조선 왕조는 부자 계승이 원칙이지만, 형제 계승도 있었거든요.

> 태종 이방원이 형제가 왕위를 계승한 경우지.

경종은 열네 살 때 어머니 장희빈이 아버지 숙종으로부터 사약을 받고 죽는 걸 보았어요. 마음이 약해진 경종은 몸도 약해졌고 병도 얻었어요. 자식을 낳지도 못했지요. 노론은 이런 경종의 약점을 꼬투리 잡아 압박을 한 거예요. 경종은 마지못해 연잉군을 세제로 책봉했어요.

노론은 여기서 멈추지 않았어요. 한발 더 나아가 경종에게 연잉군의 대리청정을 건의했어요.

"전하께서 나랏일을 돌보실 때 세제인 연잉군을 곁에 두어 경륜을 쌓게 한다면 나라에 큰 도움이 될 것입니다."

대리청정은 한마디로 대신 정치를 한다는 거예요. 그런데 경종은 즉위한 지 얼마 되지 않았잖아요. 노론이 세제의 대리청정을 요구한 것은 경종더러 나랏일에서 손을 떼라는 말이나 다름없었어요. 경종에게는 상당히 무례한 요구라고 할 수 있지요.

하지만 웬일인지 경종은 순순히 받아들여요. 소론이 가만있지 않았겠지요? 소론이 강력히 반대하자, 경종은 대리청정의 명을 거둬들여요. 이후에도 경종은 노론과 소론의 등쌀에 대리

청정을 명했다가 다시 거둬들이기를 반복해요. 그러면서 노론과 소론 간의 싸움은 더욱 심해졌지요.

이 싸움에 제동이 걸린 때는 1721년 음력 12월이었어요. 소론은 세제의 대리청정을 요구했던 노론 신하들을 '왕을 바꾸려 한 역모자'로 몰며 공격했어요. 결국 이들은 조정에서 물러나게 됐지요.

소론은 기세를 몰아서 이듬해 음력 3월에 남인 출신의 한 대신을 통해 또 고발을 했어요. 노론이 경종을 죽이거나 폐위시키고 연잉군을 새로운 왕으로 추대하려는 역모를 꾸민다고요. 역모 사건이니 곧장 대대적인 국문이 시작되었죠. 그런데 여기에서 충격적인 얘기가 나와요. 세제인 연잉군이 역모에 깊숙이 관여했다는 거였지요.

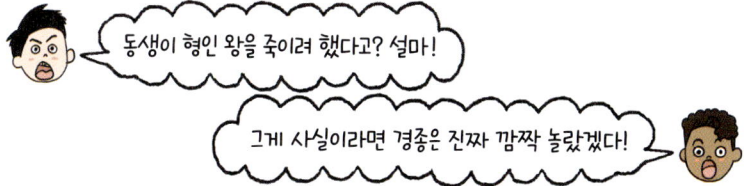

조선 시대 법에 따르면 왕위를 넘본 사람은 비록 왕의 형제라도 목숨을 부지하지 못해요. 연잉군은 그야말로 바람 앞의 등불 같은 처지가 됐어요.

형인 경종은 과연 어떤 결정을 내렸을까요? 경종은 동생인

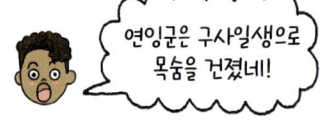

연잉군은 구사일생으로 목숨을 건졌네!

연잉군에게 죄를 묻지 않았어요. 모질지 못한 성품이기도 했지만, 연잉군을 처벌하면 왕위를 이을 사람이 없다는 점도 생각했을 거예요. 왕조의 대가 끊기게 할 수는 없으니까요.

연잉군은 소론이 고발한 역모 사건이 불러온 피바람 속에서 끝내 살아남았어요. 하지만 궁궐에서 혼자가 되다시피 했어요. 연잉군을 세제로 책봉하라고 주장했던 신하들은 물론이고, 가까이에서 보좌하던 노론 신하들 중 많은 수가 쫓겨나거나 죽임을 당했거든요.

경종의 후계자지만, 경종을 위협하는 존재로 낙인찍힌 연잉군! 연잉군은 소론의 경계 속에서 목숨을 지키기 위해서 노력했어요. 그러던 1724년, 허약했던 경종은 몸져누워 제대로 나랏일을 돌보지 못했어요. 결국 왕위에 오른 지 4년 만에 숨을 거두었고, 세제였던 연잉군이 왕위에 올랐어요. 영조의 시대가 열린 거예요.

왕위에 오른 영조

영조는 붕당 간의 대립을 조정하는 일부터 시작했어요. 노론과 소론은 자신의 세제 책봉과 대리청정을 두고 다퉜고 끝내 피바람을 몰고왔어요. 그 과정에서 영조 자신도 죽을 뻔했고요. 당쟁의 폐단을 몸소 겪은 영조는 또 이런 일이 일어나지 않게 대책을 세워야 한다고 생각했어요.

영조는 노론과 소론이 싸우지 않고 정치하길 바라며 탕평책을 추진했어요. 경종 때 밀려났던 노론을 조정에 다시 불러들여 붕당 간 균형을 맞췄죠. 영조는 각 붕당의 인물을 고르게 관직에 등용하는 탕평책으로 정치를 안정시킬 수 있다고 믿었어요.

 **HTX VIP 보태기**

탕평책
'탕평책'은 당쟁의 폐단을 없애기 위해 인재를 고르게 등용하는 정책이에요. 탕평책은 숙종이 처음 시행했지만 이때는 본래의 목적을 이루지 못했어요. 영조는 숙종보다 강력하게 탕평책을 실시했고, 정조도 이를 이어 갔어요. 탕평책은 붕당의 힘을 약화시켜서 왕이 더 큰 힘을 갖기 위한 정책이었어요.

탕평책은 영조의 바람과 다르게 소론과 노론 모두에게 불만을 샀어요. 관직의 수는 정해져 있는데 그것을 상대 붕당과 똑같이 나누고 싶지 않았거든요. 노론은 자신들이 세운 왕이 오히려 자신들을 푸대접한다며 탕평책을 따르려 하지 않았어요.

소론은 영조가 즉위한 뒤 자신들의 입지가 줄어든 데 불만을

HTX VIP 한국사 보태기

경종 독살설

소론 강경파는 영조가 경종을 독살했다는 소문을 내고 다녔어요. 영조 때문에 경종이 죽었다는 소문은 영조가 재위하는 동안 계속 꼬리표처럼 따라 다녔어요. 도대체 어떤 일이 있었기에 이런 소문이 나게 된 걸까요? 그리고 이 소문은 사실일까요?

가졌어요. 급기야 소론 중에서도 강경파인 세력들이 남인과 손잡고 영조가 경종을 독살했다는 소문을 내고 다녔어요.

"지금 왕은 선왕 경종을 독살하고 그 자리를 차지했소. 이런 자를 어찌 왕으로 섬길 수 있겠는가? 선왕의 원수를 갚고, 나라를 구하세!"

이들은 '경종 독살설'을 이용해 영조를 왕위에서 끌어내리려 했어요. 소문은 빠르게 퍼져 나갔어요.

"지금 왕이 경종께 게장과 생감을 올렸다는데?"

"게장과 생감은 함께 먹으면 독이 된다는 음식 아닌가!"

"그래서 경종께서 돌아가신 거라네."

강경파 소론은 영조가 숙종의 아들이 아니라는 소문까지 퍼뜨리며 반란을 일으킬 준비를 차근차근 해 나갔어요.

1728년 음력 3월, 강경파 소론은 행동에 나섰어요. 선봉에 선 이는 이인좌였어요. 1728년 무신년에 일어났다 해서 '무신난' 또는 '이인좌의 난'이라고 부르는 반란이 일어난 거예요.

난이 일어날 당시 백성들은 흉년이 오래 들어 배를 곯고 있었어요. 그런데도 나라에 세금을 내야 하니 죽을 맛이었죠. 이때 반란군이 관아를 습격해 곡식을 빼내서 백성들에게 나눠 줬어요. 그러자 백성들이 앞다투어 반란군에

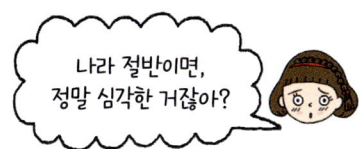

나라 절반이면, 정말 심각한 거잖아?

합세했어요. 그 수가 어마어마하게 많아 '나라 절반이 역적이 돼 버렸다.'라고 기록할 정도였어요.

이인좌가 이끄는 반란군은 삽시간에 청주성을 함락시켰어요. 이 소식을 들은 영조는 황급히 반란을 진압할 군을 조직했어요. 그런데 이때 영조는 좀 특별한 선택을 했어요. 진압군을 이끌 신하로 오명항, 박문수 등 소론 신하들을 내세운 거예요.

> **오명항**
> 숙종 때 과거에 급제하여 관직에 오른 문신. 이인좌의 난을 진압하여 영조의 신임을 받았다.

영조가 강경파 소론이 일으킨 난을 진압하는데, 같은 붕당인 소론 신하를 내세운 이유는 무엇일까요? 영조는 소론의 반대 붕당인 노론 신하를 내세우면, 나중에 큰 싸움으로 번질 것을 걱정했어요. 노론이 이번 기회에 소론이라면 강경파든 아니든 싹 몰아내려고 할 테니까요. 그래서 소론이 나서 반란을 진압하게 해 뒤탈이 나지 않게 한 거예요.

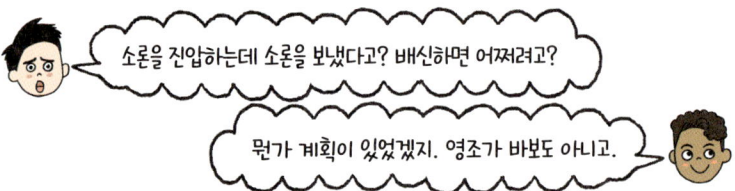

영조가 내세운 신하들은 파죽지세로 한양으로 진격하던 반란군을 완전히 소탕했어요. 그리고 전국 각지에서 일어난 난

을 진압하는 데 성공했어요. 이후 이인좌가 속한 강경파 소론은 조정에서 밀려났고, 난을 진압하는 데 공을 세운 신하들은 영조의 신임을 받고 조정에서 활약하게 되었어요. 하지만 소론의 기세는 영조가 즉위할 때보다 약해졌지요.

탕평책을 펼친 영조

영조는 조정에서 붕당들이 싸움을 일삼았기 때문에 난이 전국적으로 번졌다고 생각했어요. 그래서 신하들을 불러놓고 이렇게 꾸짖었어요.

"백성들은 흉년이 들어 굶어 죽을 지경인데, 조정은 무엇하고 있었소? 붕당끼리 편을 갈라 싸움만 하고 있지 않았소. 조정이 이 모양이니 백성들이 반란에 동조한 것이 아니겠는가!"

영조는 백성의 어려움을 뒷전으로 여기는 붕당들의 싸움을 뿌리 뽑기 위해 탕평책을 더욱 강하게 밀어붙였어요.

영조는 먼저 관직을 주는 인사 정책에 변화를 줬어요. 영조는 탕평책을 처음 실시할 때 각 붕당에게 관직을 고르게 주었어요. 예를 들면 영의정이 노론이면, 좌의정은 소론에게 주는 식으로요.

영조는 앞으로는 붕당을 초월해 능력 위주로 사람을 뽑아 관직을 주기로 했어요. 그러면 신하들이 붕당으로 뭉치기보다 자기 능력을 영조에게 보여 주려 노력할 거라고 보았죠.

영조가 바꾼 인사 정책은 곧바로 효과가 있었을까요? 이제껏 서로 헐뜯고 으르렁대기만 했던 붕당이 곧바로 바뀌기는 어려웠어요. 그래도 영조는 탕평책을 포기하지 않고 계속 새로운 시도를 해 나갔어요. 여기서 퀴즈!

Q 영조는 각 붕당을 화합시키기 위해 자주 신하들을 한자리에 모이게 했어요. 이때 상에 올린 특별한 음식이 있었어요. 무엇일까요?

음식 퀴즈는 내가 맞히고야 말겠어! 뭔가 여러 가지 재료가 섞여야 할 것 같은데……. 앗, 잡채! 잡채 아닐까요?

잡채도 좋은데, 난 궁중 떡볶이 같아. 가래떡과 갖은 채소, 소고기까지 재료가 다양하게 들어가잖아. 그리고 맛도 단짠단짠 하니까 모두 좋아할 거 같아.

궁중 떡볶이? 갑자기 먹고 싶어지네. 쩝…….
그런데 점잖은 신하들이 모여 궁중 떡볶이를 먹는 모습이
상상이 안 돼. 꼭 아이들 같잖아.

그럼 신선로는 어때? 여러 가지 채소와 생선,
고기까지 보기 좋게 넣고 끓인 요리 말이야.

흔히 먹는 음식이 아니라 좀 어려울 수도 있겠네요.
사진을 보여 줄게요.

아! 저 알아요. 탕평채예요!
요리 수업 때 만든 적 있어요.

정답! 탕평채는 여러 재료들이 한데 어우러져
조화로운 맛과 색을 내는 요리예요. 각각의 재료들에는
특별한 의미가 담겨 있어요.
푸른색 미나리는 동인, 흰색 청포묵은 서인, 붉은색 소고기는
남인, 고명으로 쓰는 검은색 김은 북인을 각각 상징해요.
영조는 여러 재료가 섞여 조화로운 맛을 내는 탕평채처럼
붕당이 균형과 조화를 이루기를 바랐던 거지요. 붕당들이
싸우기만 하지 말고 서로 잘 어울려 힘을 합치라는 뜻으로
탕평채를 상에 올렸던 거예요.

영조는 붕당 간 싸움의 뿌리를 뽑을 보다 근본적인 대책도 내놓았어요. 우선 언론 기관인 삼사의 관직을 추천할 수 있는 이조 전랑의 권한을 약화시켜요. 관직을 추천하는 자리이다 보니 붕당끼리 이조 전랑의 자리를 두고 싸우는 일이 많았거든요. 싸울 거리를 아예 없애 버리려고 한 것이죠.

영조는 붕당의 근거지로 활용되던 서원에도 손을 댔어요. 서원은 본래 학문을 연구하고 가르치는 곳이었어요. 그런데 점점 서원을 중심으로 학파를 형성해 붕당의 세를 키우는 일이 많아졌어요. 서원이 늘어날수록 붕당이 커지는 폐단이 생

겼던 거예요. 영조는 서원 170여 개소의 문을 닫게 하고, 서원을 새로 짓는 것도 금지했어요. 유생들이 반발했지만 영조는 물러서지 않았죠.

 같은 붕당에 속한 집안끼리의 혼인도 금지했어요. 혼인으로 한 집안이 되어 붕당이 세력을 키우는 것을 막으려고 한 거예요. 이와 같은 강력한 탕평책으로 점차 붕당 간의 대립은 줄어들었고, 정치는 조금씩 안정되어 갔어요.

영조의 개혁 정치와 박문수

 영조는 탕평책을 펼치며 백성을 위한 다양한 민생 개혁 정치를 하는 데도 온 힘을 기울였어요. 그런 영조의 개혁을 뒷받침한 인물이 있어요. 바로 어사 박문수예요.

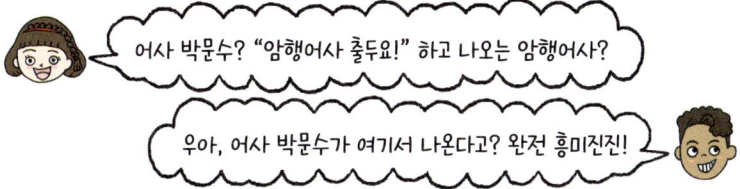

 많은 사람들이 박문수를 암행어사로 알고 있어요. 하지만 사실 박문수는 암행어사인 적이 없답니다. 암행어사는 조선

↑ 어사의 상징, 마패

시대에 왕의 명을 받아서 비밀리에 지방관의 업적이나 잘못을 알아내거나 백성이 겪는 어려움을 알아내 왕에게 사실대로 보고하는 일을 하던 임시 관직이에요. 비밀리에 일을 해야 하니까, 어두운 밤에 다닌다 해서 어두울 암(暗), 다닐 행(行) 자를 써 암행어사라 했죠.

어사와 암행어사는 다른 거구나.

박문수는 어사를 맡긴 했어요. 그런데 신분을 숨기는 암행을 하지는 않았어요. 박문수는 신분을 밝히고 지방관의 잘잘못을 살피는 특별 어사직을 맡았답니다.

1728년 이인좌의 난 진압 이후, 박문수는 영남 지역을 살피고 한양으로 돌아왔어요. 박문수는 조정에 나와 영조에게 영남 지역 백성들의 형편과 지방관들의 잘잘못을 보고하기 시작했어요. 그러더니 갑자기 소매 속에 손을 집어넣더니 불쑥 뭔가를 꺼내 영조한테 들어 보였어요. 바로 전복이었어요.

"전하, 이것은 그냥 전복이 아닙니다. 이것은 양산 군수가

백성을 괴롭힌 증거입니다."

박문수는 양산 군수가 백성들이 고생해서 잡은 전복을 강제로 싸게 사들이고 비싸게 되팔아 이득을 챙겼다고 했어요. 양산 군수의 횡포를 폭로한 것인데 이를 지켜본 신하들이 깜짝 놀랐어요. 박문수가 왕 앞에서 어떤 예고도 없이 전복을 꺼내 보이는 돌발 행동을 했기 때문이에요.

"전하, 박문수는 방자한 자입니다. 지방관의 비리를 고발하기 위해서였다지만, 이건 법도에 어긋난 행동입니다. 전하, 박문수에게 벌을 내리시옵소서."

당장 신하들은 노발대발하며 박문수를 처벌해야 한다고 목소리를 높였어요. 하지만 영조는 박문수에게 아무런 벌을 내리지 않았어요. 오히려 박문수를 너그럽게 감싸며 이해해 주었어요. 박문수의 행동은 그야말로 무례했는데도 말이지요.

조선 왕조 역사에서 이만큼 왕과 신하가 격의 없고, 서로 신뢰하는 관계가 또 있었을까요? 두 사람은 어떻게 이런 특별한 사이가 됐을까요?

영조는 세제 시절에 제왕 수업을 받던 시강원에서 박문수를 처음 만났어요. 그때 박문수는 스승, 영조는 제자였어요. 1724년 당시 영조는 서른한 살, 박문수는 서른네 살로 나이 차이가 적었던 덕분에 두 사람은 학문을 쌓으며 돈독한 우정까지 쌓을 수 있었지요. 게다가 가난한 형편 속에서 힘들게 과거 급제를 한 박문수와 세제가 되기 전 궁 밖 생활을 하면서 백성들의 삶을 가까이에서 봤던 영조는 서로 통하는 점이 많았어요. 이때부터 영조는 박문수의 능력과 성품을 알아봤던 것일까요? 이런 약속까지 했다고 해요.

↙ 박문수

"각자 힘써 서로 저버리는 일이 없도록 하세."

어떤 어려움이 있어도 이겨 내고 끝까지 함께 가자는 얘기겠죠? 세제였던 영조는 그만큼 박문수를 믿었던 거예요. 이후 영조는 왕이 되었고, 즉위 4년 만에 '이인좌의 난'이 일어났어요. 이때 박문수는 위기에 빠진 영조를 구하기 위해 발 벗고 나섰지요. 박문수는 소론이었는데도 말이에요.

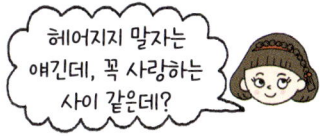

박문수는 난을 진압한 뒤, 민심을 수습하는 데도 앞장섰어요. 난은 전국에서 일어났는데 그중에서도 영남 지역의 백성들이 난에 많이 가담했어요. 영남 백성들은 벌을 받을까 두려워하고 있었죠. 박문수는 뒤숭숭해진 마을 곳곳을 돌아다니며 백성들의 마음을 다독였어요. 덕분에 영남 지역은 안정을 찾을 수 있었어요.

영조는 크게 기뻐하며 박문수에게 포상을 내렸어요. 바로 초특급 승진! 종5품, 지금의 서기관급이던 박문수를 종2품, 지금의 차관급으로 승진시켰어요. 그리고 난을 진압한 공신으로도 책봉했어요. 이렇게 영조가 박문수에게 힘을 실어 주니, 박문수도 마음을 다하고 힘이 닿는 데까지 일했지요.

1731년 여름, 조선에는 비 한 방울 내리지 않는 가마솥더위가 계속되었어요. 엎친 데 덮친 격으로 흉년까지 들어 백성들은 소나무 속껍질로 떡이나 죽을 만들어 겨우 끼니를 때웠지요. 백성들을 구제해야 했지만, 나라 곳간이 비어 그럴 수 없었어요. 이때 박문수가 조정에 나가 파격적인 제안을 했어요.

"전하, 바닷물을 구워 소금을 만들고, 그 소금을 팔아 곡식을 사서 백성을 살리도록 하소서."

박문수의 제안에 조정의 분위기가 싸늘해졌어요. 당시 소금을 구워 파는 건 왕실 종친과 일부 관청의 특권이었어요. 박문수의 제안은 곧 이들의 이익을 나눠 백성을 구하자는 얘기였죠. 조정의 반대가 이어지자, 박문수는 영조에게 호소했어요.

"신을 보내 주시면 온 힘을 다해 소금을 굽겠습니다. 백성을 살리는 일인데 무엇인들 하지 못하겠습니까?"

박문수는 자신이 직접 소금을 굽겠다고 했어요. 박문수는 양반이잖아요. 글이나 읽고 몸 쓰는 일은 하지 않는 양반의 철칙을 깨겠다는 얘기에 신하들은 화들짝 놀랐어요. 다들 반대 목소리를 냈지만, 영조는 박문수의 손을 들어 줬어요.

"머뭇거리지 말고 일을 마치고 오라!"

사실 영조는 박문수의 제안을 받아 주기 어려웠어요. 왕실 종친의 특권을 무너뜨리는 일이니까 눈치가 보였던 거죠. 하지만 백성을 구하는 방법이라잖아요. 영조는 박문수에게 이 일을 허락했고, 박문수는 당장 영남의 명지도라는 곳으로 달

려갔어요.

　박문수와 일꾼들과 동거동락하며 소금을 굽기 시작했지요. 소금을 굽는 일은 화덕이 뿜어 내는 엄청난 열기와 독성 때문에 일꾼들이 목숨을 잃는 일이 있을 만큼 위험했어요. 박문수는 일하다 병까지 얻었지만 쉬지 않고 소금을 구웠지요.

　이듬해 봄, 박문수는 무려 만 팔천 섬이라는 어마어마한 양의 소금을 생산해 냈어요. 이는 당시 아흔아홉 칸 기와집을 열여덟 채 살 수 있을 정도의 가치예요. 박문수는 소금을 팔아 많은 백성의 목숨을 구제해 영조의 기대에 보답했어요.

박문수의 소금으로 한 해를 넘겼지만, 가뭄은 이듬해에도 계속됐어요. 백성들의 상황은 갈수록 처참해지고 있었어요. 영조는 신하들을 불러 모아 백성을 구제할 대책을 마련하라고 합니다. 이때 가장 적극적으로 나선 이도 박문수였어요.

"전하, 관리들의 녹봉을 깎아야 합니다."

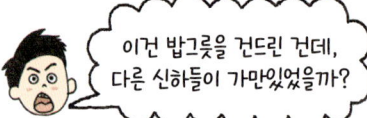

녹봉은 오늘날로 치면, 월급 같은 거예요. 당연히 신하들이 화들짝 놀랐겠죠? 신하들은 박문수의 말을 못 들은 척 다른 얘기들을 늘어놓기 시작했어요. 누구도 거들지 않았던 거예요. 그렇게 녹봉을 깎자는 박문수의 제안이 흐지부지되는가 했는데, 회의 막바지쯤 영조가 이렇게 말했어요.

"지위 고하를 막론하고 녹봉을 감하라!"

백성이 굶어 죽어 가고 있으니, 신하들은 반대할 명분이 없었어요. 박문수의 제안은 바로 실행됐죠.

균역법을 시행한 영조

조선을 개혁하고 싶었던 영조에게 가장 어려운 과제가 있었는데 바로 군역 문제였어요. 군역은 당시 백성들이 가장 고통스러워하던 것 중 하나였거든요. 군역이 뭘까요?

오늘날 장성한 남자라면 군 복무로 국방의 의무를 다하듯, 조선 시대에도 이와 비슷한 '군역'이 있었어요. 노비 같은 천민을 제외한 16세부터 60세까지의 모든 남자에게 군역의 의무가 있었지요. 백성들은 평소에는 주로 농사를 짓고, 농사일이 적은 겨울이면 군사 훈련을 받았지요. 그러다가 전쟁이 벌어지면 군인이 되어 전쟁터에 나가서 싸웠어요.

전쟁이 없는 시기가 계속되었지만, 농사를 지어야 하는 백성들은 농사지으랴, 군역을 하랴 너무 힘이 들었어요. 점차 군역을 피해 도망치는 백성이 많아졌죠. 결국 이 문제를 해결하기 위해 군역을 대신해 면포를 내게 하는 '군포제'를 실시하게 됐어요.

남자 한 명당 일 년에 면포 두 필을 내게 했고, 나라에서는 이 면포를 팔아 군인을 모집하고 군대를 운영했어요.

 **HTX VIP 보태기**

군역을 군포로 대신했을 때의 문제점
군역을 군포로 대신하자 백성들의 고충은 더 심해졌어요. 일 년에 남자 한 명이 내야 하는 군포가 두 필이었는데 이걸 만드는 데 꼬박 100일이 걸렸다고 해요. 만약 집에 남자가 세 명이라면 총 여섯 필, 일 년 내내 군포만 짜야 했던 거지요. 농사도 못 짓고 내내 군포 만드는 데에 매여 있었던 거예요.

군역 대신 내는 군포는 백성들의 삶을 고통 속으로 몰아갔어요.

남자 한 사람당 일 년에 두 필을 기본으로 내기도 힘든데, 내야 할 군포의 양이 점점 늘어났거든요. 이게 대체 무슨 이야기일까요?

　조선 후기로 갈수록 돈 있고 힘 있는 사람들이 관리에게 잘 보여 군역에서 빠져나가는 일이 자주 생겨났어요. 영조 시대에 이르러서는 그런 비리가 더욱 판쳤어요.

　군포가 적게 걷히니 관리들은 부족한 양을 채우기 위해 백성들에게 더 많은 군포를 내라고 강제하게 됐지요. 군역 의무가 없는 아이나 노인에게까지 군포를 매겨 내라고 했으니 백성들의 고통이 이루 말할 수 없었겠지요?

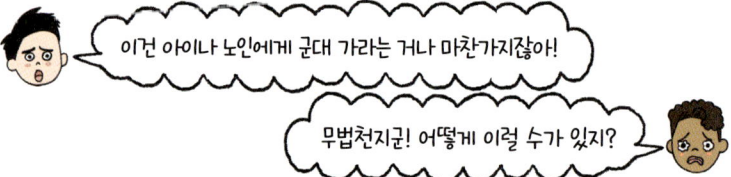

　내야 할 군포의 양이 두세 배로 늘어나니 백성들은 도저히 감당할 수 없는 지경에 이르렀어요. 늘어난 군포를 감당하지 못하고 도망을 가는 사람들이 생겨났고, 도망간 사람이 내야 할 군포는 남은 가족이나 이웃에게 떠넘겨졌지요. 백성들의 불만은 점점 커져 갔어요.

　군포의 부담도 컸지만 백성들을 화나게 하는 건 양반들이었어요. 군역은 천민을 제외한 모든 남자의 의무라고 했죠? 그런데 조선 전기에 양반들은 성균관이나 서원을 다니면 군역을 면제해 준다는 점을 이용해 군역을 피하는 경우가 많았어요. 나이 들거나 아픈 부모를 모셔야 한다며 군역에서 빠지는 경우도 있었고요. 어찌 보면 꼼수를 부린 것이지요.

그러다 조선 후기에 이르면 양반들은 아예 군역에서 발을 빼요. 꼼수가 관행이 돼 양반은 군역을 지지 않는 것이 당연한 일처럼 된 거예요. 군역 의무가 없으니 군포도 당연히 내지 않았죠. 조정에서 몇 차례 양반에게도 군포를 걷자는 얘기가 나왔지만, 양반들은 거세게 반발했어요.

"조선이 유지되는 것은 바로 사대부의 힘입니다. 그런데 갑자기 평민과 똑같이 군포를 걷는다면, 사대부가 이를 원망하지 않겠습니까?"

자신들은 나라를 유지하는데 힘쓰는 사람들이니 일반 백성들과 똑같이 군포를 낼 필요가 없단 얘기였죠. 군포를 내지 않는 것을 양반의 특권으로

여겼고, 양반들은 그 특권을 내려놓을 생각이 없었어요. 결국 군포의 부담은 오롯이 일반 백성의 몫이 됐어요. 백성의 등을 휘게 한 군포제는 악법 중의 악법이었지요.

영조는 백성에게 큰 고통을 주는 군포제를 반드시 개혁하고 싶었어요. 조정에서는 매일같이 신하들이 모여 군포의 폐단을 놓고 열띤 토론을 벌였지요.

이때 박문수가 노동 부담이 큰 군포 대신 돈을 내자는 '호전론'을 주장했어요. 그러면서 양반과 평민 구분 없이 모두가 돈으로 내게 하자고 했죠.

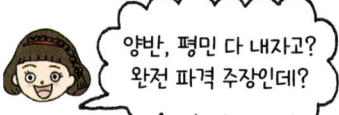

박문수의 호전론에 이번에도 조정 관료들과 양반들이 반대하고 나섰어요. 그동안 내지 않던 세금을 새로운 세금 정책으로 내게 생겼으니 절대 물러서지 않았죠. 당장 한 신하가 이런 상소까지 올렸어요.

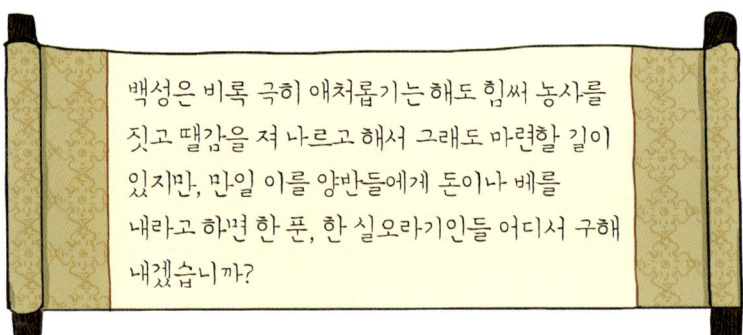

백성은 비록 극히 애처롭기는 해도 힘써 농사를 짓고 땔감을 져 나르고 해서 그래도 마련할 길이 있지만, 만일 이를 양반들에게 돈이나 베를 내라고 하면 한 푼, 한 실오라기인들 어디서 구해 내겠습니까?

한마디로, 조선에서 제일 가난한 게 양반이라서 세금을 못 내겠다는 얘기예요. 좀 황당하죠? 결국 박문수가 주장한 호전론은 받아들여지지 않았어요. 영조의 개혁은 시작도 하기 전에 난관에 부딪혔어요. 하지만 영조는 개혁을 포기하고 싶지 않았어요.

영조는 군포를 두 필에서 한 필로 감면해 주는 절충안을 제시했어요. 이것이 바로 군역을 균등히 한다는 뜻의 '균역법'이에요. 백성들의 눈물을 닦아 주고 싶었던 영조가 백성들의 부담을 절반으로 줄여 준 개혁 정책이었지요.

균역법이 시행되자 백성들의 생활은 안정되어 갔어요. 영조는 계속해서 백성을 위한 일들을 해 나갔어요.

영조는 새로운 법전인 〈속대전〉을 편찬했어요. 성종 때 완성된 〈경국대전〉이 있었지만, 200여 년 전 만들어진 법전이다 보니 맞지 않는 부분이 많았거든요. 영조는 그동안 생겨나거나 바뀐 제도와 법률을 모으고 가다듬었어요. 그 과정에서 백성들한테 가혹했던 형벌 제도를 손보았어요. 끔찍한 형벌을 없애고, 재판을 세 번 하여 신중하게 벌을 주도록 삼심제를 시행했어요. 또 아무리 큰 죄를 저지른 사람이라도 재판 없이는 사형을 내리지 못하게 했어요.

또 태종 때 생겼다 사라진 신문고 제도를 부활시켰어요. 신문고는 백성이 억울한 일을 하소연할 때 치게 하던 북이에요. 신문고를 다시 설치해서 백성의 목소리에 귀를 기울였지요.

영조는 청계천 공사도 지시했어요. 한양의 중심을 흐르는 청계천은 비가 많이 오면 물이 자주 넘쳤거든요. 홍수를 막기 위

↑〈속대전〉

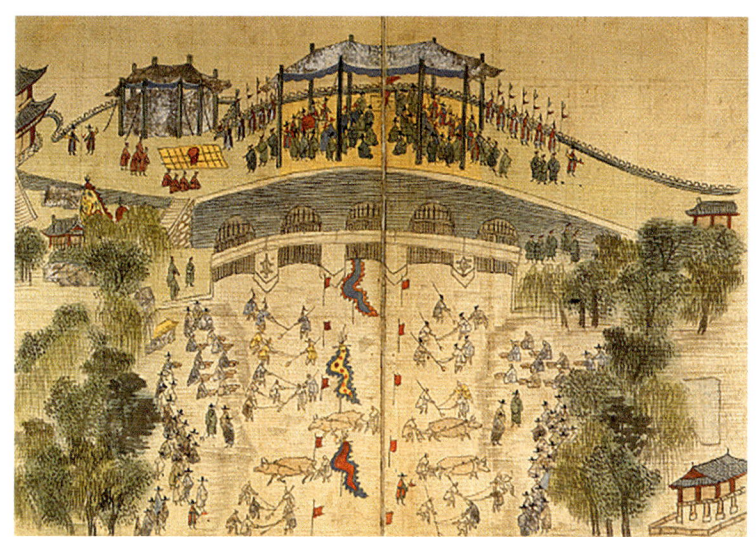

↑ 청계천 공사를 마친 뒤 모습을 그린 그림

해 시작한 공사는 두 달여간 진행되었고, 20만 명이 넘는 백성이 일에 참여했어요.

영조는 수차례 공사 현장을 방문해서 백성들을 굽어살폈지요. 영조는 백성들한테 공짜로 일을 시키지 않고 쌀과 돈을 주었어요. 청계천 공사는 가난한 백성들을 구제하기 위한 목적도 있었던 것이지요.

개혁과 통합의 시대를 연 영조

2장 비운의 사도 세자

쌤, 무슨 책이에요? 종이치고는 두꺼워 보이는데?

이건 종이가 아니라 백자예요.

백자로 된 책? 이걸 어떻게 들고 읽어요?

우리는 지금 1762년으로 왔어요. 지금 보는 사진은 무엇일까요? 언뜻 보면 종이 책장 같지만 이건 백자에 글을 새긴 거예요. 뭐라고 쓰여 있는지 한번 읽어 볼게요.

"그는 본래 풍족하고 편안한 집안에 태어났으나 마음을 바로잡지 못하더니 지금 미치광이로 전락하였더라."

누군가를 미치광이라고 평가한 이 글은 묘지문이에요. 묘지문은 죽은 사람의 행적을 적어 무덤에 함께 묻기 때문에 좋은 이야기를 쓰기 마련이에요. 그런데 이 글은 그렇지 않지요. 도대체 누구의 묘지문일까요?

바로 영조의 아들 사도 세자예요. 이 묘지문은 영조가 직접 쓴 것인데, 너무 이상하죠? 아버지가 아들을 미치광이라고 썼잖아요. 대체 이 두 사람 사이에 무슨 일이 있었던 걸까요? 지금부터 그 이야기를 시작해 볼게요.

어린 시절 총명했던 사도 세자

1735년, 사도 세자가 태어났을 때 영조의 나이는 무려 마흔두 살이었어요. 조선 왕들의 평균 수명이 마흔일곱 살인 걸 감안하면 무척 늦은 나이에 아들을 얻은 셈이지요. 영조에게 사도 세자는 눈에 넣어도 아프지 않을 늦둥이 아들이었어요.

영조에게 사도 세자가 귀할 수밖에 없는 이유는 또 있어요. 이미 한 번 아들을 잃은 경험이 있었기 때문이에요. 영조가 스물다섯 살에 얻었던 첫아들 효장 세자가 열 살에 이름 모를 병으로 세상을 떠났거든요. 그 첫아들을 잃은 지 7년 만에 기다리고 기다리던 아들이 태어났던 거예요.

"오랫동안 후사가 없으니 사람들이 모두 근심하고 두려워하였는데 이때에 이르러 온 나라에서 기뻐하고 즐거워하였다."

〈영조실록〉에 따르면 사도 세자의 탄생은 아버지 영조뿐 아니라 나라 전체의 경사이자 축복이었어요. 기쁨이 컸

던 영조는 태어난 지 불과 15개월밖에 되지 않은 어린 아들을 세자에 책봉해요. 조선 역사상 최연소 세자로, 겨우 두 살의 나이로 차기 왕에 낙점된 것이에요.

영조는 세자 책봉과 동시에 세자의 교육을 담당하는 관청인 세자시강원을 꾸렸어요. 보통은 일곱 살에서 열 살에 이루어지는 시강원 교육을 사도 세자는 세 살부터 받기 시작했어요. 영조가 누구보다 빠르게 세자 교육에 들어갔던 것이죠.

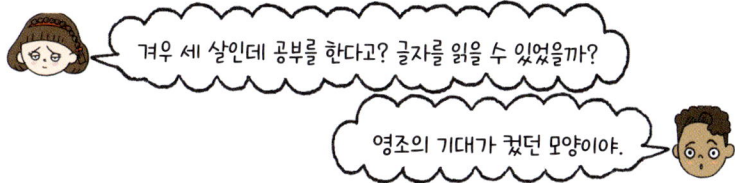

세자 수업인 서연에서는 효의 도리를 가르치는 〈효경〉과 유학의 입문서라고 할 수 있는 〈소학〉을 사도세자에게 가르쳤어요. 아직 그 뜻을 알기에는 너무 어린 나이라서 스승이 읽어 주면 따라 읽는 방식으로 수업이 진행됐지요.

과연 영조의 조기 교육은 성과가 있었을까요? 어느 날, 영조가 사도 세자에게 물었어요.

"사치와 검소한 것의 뜻을 아느냐?"

어린 사도 세자가 자신의 옷을 가리키며 대답했어요.

"비단은 사치이고, 무명은 검소한 것입니다. 하여 소자는

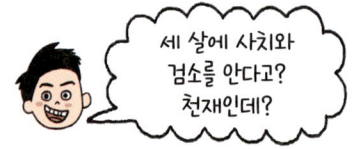

검소하게 무명옷을 입을 것입니다."

영조뿐 아니라 신하들까지 이 대답을 듣고 깜짝 놀랐어요. 세 살짜리 어린아이의 대답이라고 믿기 힘든 총명함이 번뜩였으니까요. 영조는 사도 세자의 답변에 매우 흡족해했어요.

이뿐만이 아니었어요. 어느 날, 영조는 밥을 먹던 도중에 사도 세자를 불렀어요. 그런데 영조가 부르자 사도 세자가 입 안에 있던 밥을 전부 뱉어 내고는 이렇게 말했어요.

"소학에 이르기를, 부모가 부르실 때 입에 있는 걸 뱉고 말하는 게 효라고 했습니다."

어린 세자가 이리 말하는데 영조의 기분이 어땠을까요? 영

조는 요즘 말로, '아들 바보'가 돼 가고 있었어요. 신하들에게 사도 세자를 자랑하기 일쑤였고, 아들이 너무 귀여운 나머지 사도 세자가 머무는 궁에 찾아가 함께 잠들기도 했다고 해요. 이런 영조의 모습은 이전까지 조선 왕실에서 볼 수 없던 모습이었지요.

달라도 너무 다른 아버지와 아들

 어린 나이에도 총명함을 보이는 사도 세자를 보면서 영조는 아들에 대한 기대치를 점점 높여 갔어요. 영조는 자신이 지은 어려운 지침서를 배우게 하고 세자의 스승까지 관리하며 세자 교육에 깊숙이 관여했어요. 영조는 왜 이렇게 세자의 조기 교육에 집착했을까요?
 영조의 어머니 숙빈 최씨는 천한 신분이었어요. 궁궐에서 허드렛일을 도맡는 무수리였다고 알려져 있죠. 그래서 왕실 혈통을 따지는 사람들은 입방아를 찧기도 했어요. 그도 그럴 것이 조선 역대 왕 스물일곱 명 중에 천민의 피가 흐르는 왕은 단 한 명, 오직 영조뿐이었어요. 출신이 낮은 어머니는 영조의 평생 콤플렉스였지요.

영조는 자신은 어쩔 수 없이 콤플렉스를 갖게 됐지만, 아들 사도 세자는 그런 결점이 없는 완벽한 왕으로 자라길 바랐어요. 그래서 사도 세자의 교육에 열성적이었던 거죠. 그런데 아버지의 뜻을 따르며 착실히 교육을 받던 아들 사도 세자가 조금씩 이상한 낌새를 보이기 시작해요. 글공부를 벅차 하더니 점차 멀리했죠. 그러자 아버지 영조의 태도도 달라졌어요.

사도 세자가 아홉 살이 됐을 때의 일이에요. 사도 세자가 어지럽다고 하자 스승들이 영조에게 달려갔어요. 그러고는 사도 세자에게 휴식할 시간을 달라고 요청했죠. 여기서 퀴즈!

Q. 어지럼증을 느낀 사도 세자에게 휴식 시간을 달라고 했던 스승들에게 영조는 뭐라고 했을까요?

당연히 쉬라고 하지 않았을까요? 아프면 쉬어야 하잖아요.

귀한 아들이니까 아마 몸에 좋은 약을 구해 오라고 신하들한테 명령했을 것 같아요.

 우리 부모님처럼, 어디가 아픈지 물어보고, 먹고 싶은 거 없냐고 물어도 보고, 푹 쉬라고 했을 것 같아요.

아쉽게도 정답이 아니에요.

 흠, 그렇다면, 영조가 워낙 교육에 진심이니까 혹시 스스로 낫는 방법을 찾아 보라고 했어요? 그것도 공부니까요. 아, 그런데 공부, 공부, 공부, 좀 심하다…….

 영조의 태도가 달라졌다고 했으니까, 설마……. 그냥 내버려 두라고 한 거예요?

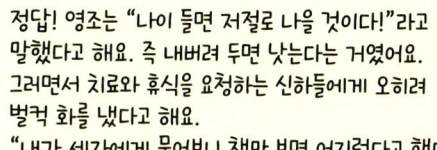정답! 영조는 "나이 들면 저절로 나을 것이다!"라고 말했다고 해요. 즉 내버려 두면 낫는다는 거였어요. 그러면서 치료와 휴식을 요청하는 신하들에게 오히려 벌컥 화를 냈다고 해요. "내가 세자에게 물어보니 책만 보면 어지럽다고 했다. 그러니 치료 따위 필요 없다!"고 하면서요.

 헐! 세자의 어지럼증이 공부하기 싫어서 둘러댄 꾀병이라고 생각한 거예요?

맞아요. 좀 너무하죠?

사도 세자가 열 살이던 어느 날이었어요.

"글을 읽는 것이 좋으냐, 싫으냐?"

영조가 묻자 사도 세자는 한참 고민하다가 이렇게 말해요.

"싫을 때가 많습니다."

이 말을 들은 영조는 잠시 후 알 듯 모를 듯한 말을 해요.

"솔직하구나."

영조는 무슨 생각을 했던 걸까요? 영조는 사도 세자가 공부를 멀리하는 것만큼이나 마음에 들지 않는 것이 또 있었어요. 바로 사도 세자의 무인 기질이었지요. 사도 세자는 무예 실력이 뛰어났고 책까지 쓸 성도로 좋아했어요. 이런 무인 기질이 영조에게 좋게 보였을까? 아니었죠.

유교 사회인 조선에서는 '무'보다 '문'을 중시했어요. 영조는 왕이라면 공부를 열심히 해서 신하들을 압도해야 한다고 생각했죠. 그런데 사도 세자는 공부보다 무예 같은 다른 것들에 관심이 더 많았어요. 영조는 자신이 생각하는 기준에서 벗어난 사도 세자가 몹시 못마땅했어요.

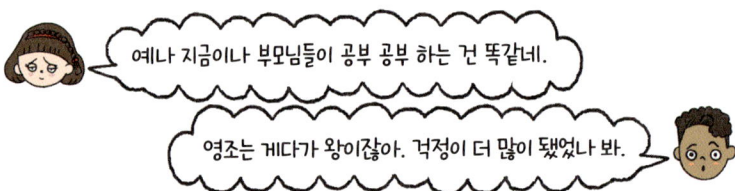

예나 지금이나 부모님들이 공부 공부 하는 건 똑같네.

영조는 게다가 왕이잖아. 걱정이 더 많이 됐었나 봐.

HTX VIP 한국사 보태기 ▶

사도 세자의 기질

사도 세자는 나이가 들어가면서 공부보다는 무예나 그림 그리기 등 다른 방면에 두각을 나타내기 시작했어요. 그런데 이런 점이 영조와의 갈등에 불씨가 되었어요. 사도 세자는 어떤 기질을 가진 사람이었는지 알려 줄게요.

사도 세자는 무예가 뛰어났어요. 힘 좋은 무사들도 들고 움직이기 어려울 만큼 무거운 청룡언월도를 열다섯 살 무렵부터 자유롭게 사용할 정도로 기운이 대단했어요. 활쏘기와 말타기 실력도 뛰어나 활을 쏘면 반드시 명중시켰고, 말도 나는 듯이 몰았다고 해요.

사도 세자는 무예에 대한 열정으로 책도 썼어요. 스물네 살 때, 장수와 신하들이 무예에 익숙하지 않은 것을 걱정해 열여덟 가지 무예를 정리한 <무예신보>를 편찬했어요. 이 책은 훈련도감의 교재로 사용됐어요.

사도 세자는 그림 실력도 뛰어났어요. 개, 호랑이, 비둘기 같은 동물 그림을 즐겨 그렸는데, 현재까지 10여 점이 남아 있어요.

영조는 툭하면 사도 세자를 꾸짖고, 신하들이 모인 가운데에서 창피를 주기도 했어요. 사도 세자는 얼마나 속상했을까요? 앞으로 왕이 될 터인데, 신하들 앞에서 망신을 주니까요.

공공연히 실망감을 내보이는 영조 앞에서 사도 세자는 주눅 들었어요. 사도 세자는 영조를 점점 더 어려워했어요. 아버지와 아들 사이에 건널 수 없는 강이 생기고 있었던 거예요.

갈등의 본격화, 사도 세자의 대리청정

아들 사도 세자를 믿지 못해 질책하는 영조, 아버지 영조 앞에만 서면 점점 움츠러드는 사도 세자. 그런 부자 사이가 한층 더 멀어지는 일이 일어나요.

때는 1749년이었어요. 여느 때처럼 나랏일을 돌보기 위해 자리를 잡고 앉은 영조, 그런데 이날은 그런 영조 앞에 누군가가

> 지금부터 세자가 나랏일을 볼 것이다.

앉아 있었어요. 누구였을까요? 바로 사도 세자예요. 영조는 사도 세자의 뒤에 앉아 신하들을 향해 이렇게 말했어요.

"오늘은 세자가 처음으로 나랏일을 보는 날이다. 왕의 뜻을 물어 결정할 일이 있으면 세자에게 물어라. 나는 앉아서 지켜보고자 한다."

영조가 사도 세자에게 대리청정을 시킨 거예요. 보통 대리청정은 왕이 병들거나 나이가 들어 나랏일을 제대로 돌볼 수 없게 됐을 때 왕의 공식 후계자가 왕 대신 나랏일을 돌보는 거지요. 영조는 왜 갑자기 열다섯 살의 사도 세자에게 대리청정을 시킨 걸까요?

당시 영조는 건강했지만, 어느덧 예순에 가까운 나이가 됐어요. 사도 세자가 마음에 들지 않지만 다른 아들이 없 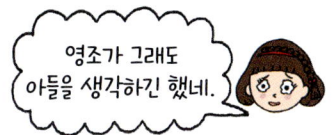 으니 차기 왕은 사도 세자일 수밖에 없었어요. 영조는 사도 세자가 왕이 되면, 복잡한 정치 문제들을 잘 처리할 수 있을지 걱정됐어요. 그래서 일종의 인턴십 과정을 준비한 것이지요.

영조는 대리청정에 앞서 사도 세자에게 이렇게 당부했어요.

"신하들이 아뢰는 일에 대해 만약 '그렇게 하라.'고 대충 대답한다면 반드시 잘못을 저지를 수 있다. 의심스러운 점이 있으면 반드시 신하에게 묻고 직접 고민한 뒤에 결정하여라."

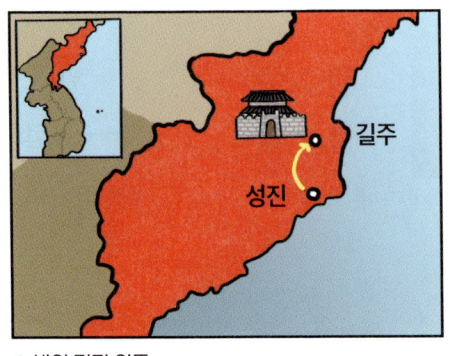
↑ 방어 기지 이동

그리고 드디어 사도 세자가 결정해야 할 첫 안건이 나왔어요. 방어 기지를 옮기는 군사 문제였어요.

"성진에 위치한 방어 기지를 다시 길주에 옮기는 것이 좋겠습니다."

이 이야기를 꺼낸 사람은 영의정이었어요. 지금은 함경북도 김책시인 성진에 방어 기지가 있는데, 그걸 더 북쪽인 길주로 옮기자는 거였어요. 북방에서 내려오는 적들을 막을 때, 성진에 비해 길주가 더 방어하기 좋은 군사적 요충지라는 주장이었지요. 사도 세자는 신하에게 물어 신중히 결정하라는 영조의 말을 되새기며 신하들에게 질문을 던졌어요.

"방어 기지를 길주로 옮기더라도 성진을 지킬 군사가 남아 있겠는가?"

"예, 남아 있습니다."

자신이 걱정하는 문제에 대해 걱정할 게 없다는 대답을 들은 사도 세자는 이렇게 말했어요.

"그렇다면 방어 기지를 길주로 옮기는 것이 옳겠다."

사도 세자는 대리청정이 자신에게 얼마나 중요한 기회인지 알고 있었어요. 이번에 잘 해낸다면 아버지에게 믿음을 얻고, 멀어진 관계를 회복할 수 있을 거라고 기대했을 거예요. 그런데 그때 사도 세자 뒤에서 뜻밖의 말이 들려와요.

"네 말이 비록 옳긴 하지만 방어 기지를 성진으로 옮긴 것은 나의 결정인데, 길주로 다시 옮기는 것은 경솔하지 않느냐? 먼저 대신들에게 물어보고, 또 나에게도 상의한 후에 시행하는 것이 옳다."

사도 세자는 아버지의 당부대로 신중하게 처리했는데, 영조는 마음에 안 들었던 거예요. 사도 세자는 의기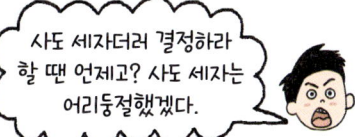
소침해졌어요. 게다가 영조는 다음 날 사도 세자를 따로 불러 이런 말까지 덧붙였어요.

"너는 안락한 데서 태어나서 안락하게 자라났다. 대리청정한 후에 만약 의심스럽고 어려운 일이 있으면 반드시 나에게 물어 시행하라."

영조는 역경을 헤쳐 온 자신과 다르게 고생하지 않고 자라난 아들을 걱정해 이렇게 말했을 수도 있어요. 하지만 사도 세자가 처음으로 나랏일을 돌본 날이잖아요. 격려를 해 주면 좋으련만 영조는 사도 세자에게 "넌 나와 태생부터 다르고,

날 따라 오려면 멀었어."라고 선을 그었어요. 이후 사도 세자는 영조가 자리에 있든 없든, 결정의 순간이면 늘 이렇게 말할 수밖에 없었어요.

"전하께 아뢰어서 결정하겠소."

사도 세자는 대리청정하는 자리에 영조가 없을 때마저 자신의 뜻을 펴지 못했어요. 사도 세자가 혼자서 결정할 수 있는 것은 아무것도 없었던 거지요.

아버지 눈치를 볼 수밖에 없었던 아들 사도 세자, 아들을 믿지 못한 아버지 영조의 관계는 점점 더 멀어져 갔어요. 대리청정을 맡긴 뒤부터 영조는 사도 세자를 더욱 자주 질책했고, 사도 세자는 영조를 두려워하고 피하게 되었어요. 〈한중록〉에는 이때 당시 영조가 사도 세자를 어떻게 대했는지 기록되어 있어요.

> **한중록**
> 사도 세자의 부인 혜경궁 홍씨가 궁중 생활을 하며 겪은 일을 토대로 지은 책.

"전하께서는 심지어 백성이 춥고 배고프거나 가뭄이 들거나 천재지변이 있어도 세자의 덕이 없어서 그렇다고 꾸중하셨다. 그러므로 세자께서는 날이 흐리거나 겨울에 천둥이 치면 또 무슨 꾸중을 하실까 근심하시고 염려하여 일마다 두렵고 겁을 내셨다."

영조는 천재지변 같은 자연 현상까지도 사도 세자 탓을 했어요. 영조의 눈 밖에 난 사도 세자는 하나부터 열까지 미움을 받았어요. 피 말리는 대리청정이 길어지면서 사도 세자의 마음속에는 무언가가 차곡차곡 쌓이고 있었어요.

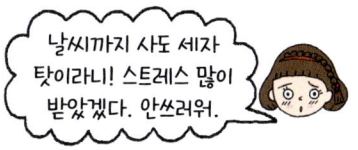
날씨까지 사도 세자 탓이라니! 스트레스 많이 받았겠다. 안쓰러워.

깊어만 가는 마음의 병

사도 세자는 스무 살 무렵부터 자주 헛것이 보인다는 말을 할 정도로 몸이 약해졌어요. 사도 세자는 장인에게 은밀하게 자신의 상태를 알리며 부탁을 하는 편지를 보냈어요.

> 나는 원래 남모르는 울화의 증세가 있는데 지금 또 더위를 먹은 가운데 임금님을 모시고 나오니 긴장되어 열은 높고 울증은 극도에 달해 답답하여 미칠 듯합니다. 이런 증세는 의관에게 말할 수 없습니다. 경이 우울증을 씻어 내는 약에 대해 익히 알고 있으니 약을 지어 남몰래 보내 주면 어떻겠습니까?

이 편지를 받은 장인은 사도 세자의 부탁대로 약을 지어 보내 주었죠. 이후 사도 세자는 차도가 있었을까? 사도 세자에게 생긴 마음의 병은 약을 먹어도 전혀 나아지지 않았어요.

HTX VIP 보태기

사도 세자가 장인에게 약을 몰래 부탁한 까닭
차기 왕인 세자가 정신적으로 문제가 있다는 게 소문나면 세자의 위상과 왕실의 체면이 크게 손상될 수 있어요. 때문에 기록이 공식적으로 남는 내의원에 진료와 처방을 받기 어려웠어요. 그래서 사도 세자는 영조 모르게 장인에게 부탁을 할 수밖에 없었어요.

병이 깊어지는데 정상적인 생활을 할 수 있었을까요? 사도 세자는 왕인 아버지에게 매일 아침저녁으로 해야 하는 문안 인사도 점점 하지 않게 됐어요. 그러던 어느 날이었죠.

영조가 경연을 마치고, 불쑥 사도 세자를 찾아 왔어요. 사도 세자가 공부를 잘 하고 있는지 확인하러 온 거였죠. 사도 세자는 세수도 하지 못하고 옷도 제대로 챙겨 입지 못한 채 영조 앞에 서야 했어요. 영조는 엉망인 사도 세자를 보고 불같이 화를 냈어요.

"이 무슨 세자답지 못한 짓이냐?"

"감히 네가 왕명을 어기고 술을 마신 것이냐?"

당시는 기근이 들어서 백성이 먹을 곡식이 부족했어요. 그래서 술을 빚는 데 곡식을 낭비하지 않도록 금주령을 내렸던 때예요. 영조는 이러한 때에 사도 세자가 술을 마시고 취했다고 생각했어요. 사실 사도 세자는 술을 잘 마시지 못했어요. 술을 마시지도 않았는데 다짜고짜 혼을 내는 아버지 영조에게 사도 세자는 뭐라고 했을까요?

"네, 마셨습니다."

사도 세자는 억울했지만, 자신이 사실을 말해 봤자 아버지 영조는 믿지 않을 거라 생각했던 거예요. 사도 세자는 자신에게 등돌린 아버지 때문에 너무 힘들었어요. 그러다 마음속에 쌓인 화가 폭발해 끔찍한 일을 저지르는 상황까지 가고 맙니다.

사도 세자에게는 '의대증'이라는 병이 있었어요. '의대'는 옷을 가리켜요. 의대증은 옷 입는 것 자체를 괴로워하는 '옷병'이에요. 의대를 갖추고 아버지 영조에게 문안을 가고, 조정에 나가 일을 했기 때문이었을까요? 언제부터인가 사도 세자는 의대를 갖춰 입는

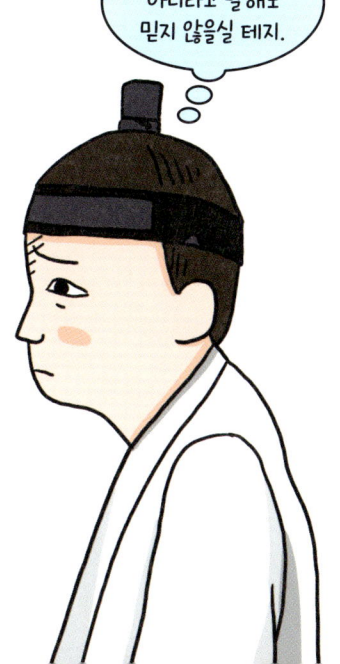

아닌데…….
아니라고 말해도
믿지 않으실 테지.

것을 어려워하게 됐어요. 그러다 결국 의대를 갖춰 입는 걸 시중드는 내시를 죽이고 말았어요. 이 끔찍한 소식을 들은 영조가 사도 세자를 찾아와 차분히 물었어요.

"어찌하여 그리하느냐?"

이때 사도 세자는 영조에게 그동안 하지 못한 말을 했어요.

"아버지께서 사랑하지 않으시기에 서럽고, 꾸중하시기에 무서워 화가 되어 그러합니다."

이 얘기를 들은 영조는 이렇게 대답했어요.

"내 이제 그러지 않으리라."

영조는 아버지의 성을 그리워하다 마음이 병든 사도 세자에게 약속을 했어요. 하지만 너무 때늦었을까요? 사도 세자는 세자로서 해서는 안 되는 행동들을 점점 더 많이 했어요.

슬프다. 예전부터 영조가 사랑을 줬다면, 안 그랬을 수도 있었는데.

HTX VIP 보태기

사도 세자의 기행

사도 세자는 내시 외에도 많은 이들을 죽였어요. 그 수가 무려 100여 명에 달한다고 하지요. 어쩌면 그 이상이 될 수도 있고요. 사도 세자의 기행은 그뿐이 아니었어요. 자신의 거처를 무덤같이 만드는가 하면 나중에는 아예 세자 궁 근처에 땅을 파서 마치 관처럼 보이는 지하 방을 만들기까지 했어요.

돌아선 영조

사도 세자는 아버지 영조에게 문안 인사를 거의 하지 않았어요. 조선 왕실에서는 있을 수 없는 일이었지요. 그런데 이상한 것은 영조의 태도였어요. 벌써 사도 세자를 불러다가 호되게 꾸짖고도 남았을 영조가 아무 말을 하지 않는 거예요. 왜였을까요?

이즈음 영조는 사도 세자의 맏아들, 그러니까 영조에게는 손자인 정조에게 푹 빠져 있었어요. 정조가 영조의 관심과 사랑을 모두 받고 있었지요. 어느 날 영조가 정조에게 이렇게 물었어요.

"정치를 하기 위해 어진 신하를 불러 오는 일이 쉬운가, 어려운가?"

정조는 잠시의 망설임도 없이 이렇게 답했어요.

"몸소 어진 덕을 행한다면 쉬울 것입니다."

이제 막 열 살이 된 정조가 유교 군주로서의 덕목을 막힘없이 술술 대답한 거예요. 영조는 손자의 대답에 매우 흡족해하면서 이런 말을 남겼어요.

"지금 세손을 보니 진실로 성취한 효과가 있다. 삼백 년의 명맥이 오직 세손에게 달려 있다."

영조는 아들 사도 세자가 멀쩡히 살아 있는데, 왜 조선의 명맥이 세손인 정조에게 달려 있다고 한 걸까요? 영조는 무엇보다 다음 왕이 될 세자를 키우는 왕으로서의 역할도 해야 했어요. 못마땅한 아들 사도 세자보다 영특한 손자 정조에게 나라를 물려주는 게 낫지 않을까 생각했던 거지요.

사도 세자의 최후

1762년 여름 어느 날, 사도 세자의 친어머니인 영빈 이씨가 영조를 찾아왔어요.

"전하, 사도 세자의 잔악한 행동을 그냥 두고 보시렵니까? 세자의 살의가 언제 전하께 미칠지 몹시 두렵습니다."

이렇게 말하며 꺼내기 시작한 이야기는 아주 충격적이었지요. 영빈 이씨는 사도 세자가 영조에 대한 적의를 공공연하게

드러내고, 심지어 칼을 품고 영조가 머무르던 경희궁으로 가다가 실패해서 돌아온 적도 있다고 했어요.

여러분, 칼을 품고 영조에게 가려 했다는 것이 무엇을 뜻할까요? 그건 차마 입 밖으로 꺼낼 수 없는 패륜이자 역모였죠. 역모는 왕의 아들이라도 용서 받기 힘든 죄예요. 마음이 병든 사도 세자가 완전히 선을 넘어 버린 거예요.

영빈 이씨는 영조에게 사도 세자가 그동안 저지른 끔찍한 일들도 낱낱이 고했어요. 그러고는 이런 말을 했어요.

"전하, 대처분을 내려 주십시오!"

대처분이란, 바로 아들 사도 세자를 죽이는 처분을 내리라는 것이었

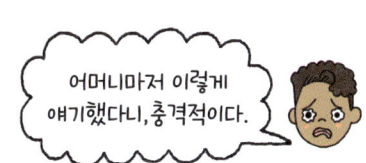

어요. 친어머니가 아들을 죽여 달라고 청하다니, 굉장히 충격적이죠? 결국 영조는 결심을 굳혔어요.

 창경궁 휘령전으로 간 영조는 사도 세자를 불러오라는 명을 내렸어요. 끌려 온 사도 세자는 세자 관과 옷, 신발까지 벗은 채 맨발로 엎드려 머리를 조아렸어요.

"자결하라!"

"제발 살려 주소서!"

 스스로 죽으라는 아버지에게 살려 달라고 애원하는 아들! 처참하고 비극적인 시간이 몇 시간이나 흘렀어요. 그러다 뒤주가 들어왔어요. 영조는 사도 세자에게 '세자'의 지위를 폐

한다고 말한 뒤, 이렇게 명령했어요.
"뒤주로 들어가라."

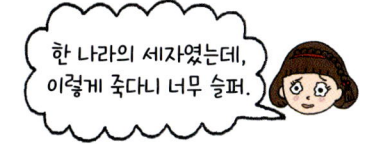

받아들이기 어려운 명령이었지만, 사도 세자는 아버지의 말에 따라 뒤주 안으로 들어갔어요. 그 뒤로 어떻게 됐을까요? 8일이 지난 후, 조선의 세자였던 사도 세자는 스물여덟 살의 나이로 뒤주 안에서 생을 마감했어요.

사도 세자가 비참하게 죽은 뒤 영조는 세자 지위를 되살리고 시호를 내립니다. 생각할 사(思), 슬퍼할 도(悼), 사도. 슬픔을 잊지 못하고 생각에 잠긴다는 뜻을 담았지요. 그리고 영조는 아버지의 죽음을 가슴속 깊이 새긴 사도 세자의 아들, 정조와 마주하게 되지요.

> **시호**
> 왕이나 왕비, 왕족, 신하 등이 죽은 뒤, 당시 왕이 업적에 따라 내려주는 이름.

조선 후기 중흥을 이끈 정조

3장 성군이 된 정조

"조선 시대 왕실 도서관 규장각이에요."

"갑자기 왜 도서관에 왔지?"

"눈치없기는! 정조랑 관련 있으니까 온 거지."

이제 우리는 1776년에 다시 설치된 규장각 앞에 왔어요. 정조는 아버지 사도 세자의 비극적인 죽음을 딛고 1776년 왕위에 올랐어요. 그리고 같은 해에 규장각을 세웠어요.
　규장각의 '규장'은 한자로 별 규(奎), 글 장(章) 자로 왕이 쓴 글이나 글씨를 말해요. 정조는 역대 왕의 친필 글씨를 보관했던 규장각을 자신의 안위와 왕권을 지키기 위한 특별한 곳으로 만들었어요.
　정조는 왜 안위와 왕권을 지키려는 노력을 해야 했을까요? 지금부터 정조의 이야기를 시작해 볼게요.

규장각↑

우아, 책이 많아요.

규장각은 오늘날로 치면 국립 중앙 도서관이에요.

열 살에 아버지를 잃은 정조

조선의 22대 왕, 정조는 사도 세자와 혜경궁 홍씨 사이에서 맏아들로 태어났어요. 정조는 사도 세자의 적장자였기 때문에 태어나자마자 왕위 계승 서열이 2위가 되었지요. 1752년 태어나자마자 '원손'으로, 일곱 살이던 1759년에 '세손'으로 책봉되었어요.

> **원손**
> 왕의 맏손자로, 세손으로 책봉하기 전에 부르던 존칭이다.

세손이던 어린 시절, 정조는 마냥 행복하지 않았어요. 아버지 사도 세자의 기행과 할아버지 영조와의 갈등으로 눈물과 두려움으로 하루하루를 보내야 했죠. 그리고 1762년 임오년 여름, 끔찍한 사건이 터지지요. 바로 아버지 사도 세자가 뒤주에 갇혀 죽은 사건, 임오화변이 일어난 거예요.

사도 세자가 뒤주에 갇혔던 날, 정조는 곧장 할아버지 영조에게 달려갔어요. 그리고 고사리 같은 작은 손을 모아 빌며 제발 아버지를 살려 달라고 애원했어요. 하지만 영조는 이미 모든 것을 결정한 상태였어요. 세손의 간절한 애원이 들릴 리 없었지요. 정조는 더 애원하지도 못하고 신하들에게 들려져 그 자리에서 끌려 나갔어요.

> 사도 세자가 아무리 미워도 손자를 봐서라도 이러면 안 되는 거 아냐?

사도 세자는 뒤주에 갇힌 지 8일 만에 세상을 떠나고 말아요. 그때 정조의 나이는 겨우 열 살이었어요. 열 살에 아버지의 비참한 죽음을 목격한 정조의 마음은 어땠을까요? 〈정조실록〉에는 이렇게 나와 있어요.

"왕은 슬픔으로 인한 상처가 너무나 커 신하들이 차마 눈 뜨고 볼 수 없었다."

정조는 아버지의 죽음이 자신의 탓이라고 생각했던 것 같아요. 자신이 태어나지 않았다면, 유일한 왕위 계승자인 아버지가 죽지 않았을 거라고 자책감을 느꼈던 거죠. 열 살 아이가 감당하기 힘든 슬픔은 이뿐이 아니었어요.

할아버지 영조는 정조가 아버지 사도 세자의 장례식에 참석하지 못하게 했어요. 아버지가 돌아가시면 장례식의 상주는 보통 맏아들이 맡아요. 그런데 할아버지 영조는 정조가 상주로 서지도, 상복을 입지도 못하게 한 거예요. 정조는 아버지께 마지막 인사도 제대로 못하고 이별했지요.

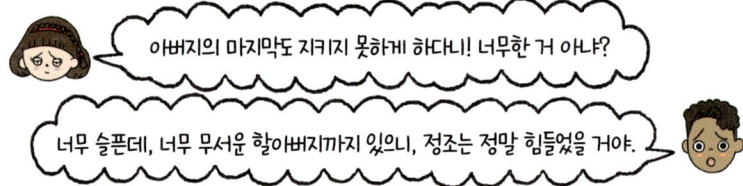

사도 세자 장례 후 두어 달이 지난 뒤였어요. 정조가 아직 슬픔을 추스르지 못하고 있는데, 영조가 어명을 내렸어요.

"세손을 동궁으로 칭하라!"

동궁은 차기 왕위 계승자인 세자가 머무르는 궁이에요. 그래서 동궁은 세자를 가리키는 별칭으로 불리기도 했어요. 세손을 동궁으로 칭하라는 말은 곧 정조를 왕위 계승자로 삼는다는 뜻이었죠. 영조에겐 어릴 때부터 영특했던 정조 외에는 왕위 계승자로 세울 사람이 없었던 거죠.

왕위 계승자가 된 정조는 할아버지 영조와 얼굴을 마주했어요. 어색한 침묵을 깨고 영조가 정조에게 물었어요.

"너는 자강하는 것이 좋으냐? 게으른 것이 좋으냐?"

스스로 몸과 마음을 가다듬는 일을 '자강'이라고 해요. 즉, 부지런한 것이 좋은지, 게으른 것이 좋은지 물은 것이에요. 어찌 보면 너무 쉬운 질문인데 정조는 고민 끝에 자강하는 것이 좋겠다고 대답했어요. 그러자 영조가 이렇게 말했어요.

"앞으로 내 너를 살펴보겠다."

'너를 살펴보겠다.'라니, 왠지 오싹하지 않나요? 부지런한 것이 좋다고 대답한 정조가 어찌하는지 지켜보겠다는 말이었어요. 자신을 시험하는 듯한 할아버지의 말을 들은 정조의 마음은 어땠을까요? 자칫하면 아버지처럼 내쳐질 수 있다는 불안감을 느꼈겠죠. 정조는 제왕 수업을 받으며 할아버지 영조의 눈에 들기 위해 필사적으로 노력했답니다.

HTX VIP 보태기

영조가 '자강'에 대해 질문한 까닭
영조는 사도 세자가 글공부를 멀리해 왕위 계승자로서 자격을 갖추지 못해 못마땅했었죠. 영조는 정조만큼은 자신의 뜻을 헤아려 부지런히 공부하길 바랐어요. '너를 살펴보겠다.'고 한 건 정조가 왕위를 물려받을 자격이나 마음가짐을 갖추는지 살피겠단 뜻이었죠.

정조는 할아버지 영조의 기대대로 왕위 계승자로서 착실하게 제왕 수업을 잘 받았어요. 그러던 어느 날, 이런 말이 떠돌았어요.

"세손은 죄인의 아들이라 왕위를 이을 수 없다."

세손은 정조이니까, 죄인은 누구겠어요? 사도 세자였죠. 정조의 아버지 사도 세자를 '죄인'이라 칭하며, 정조의 왕위 계승을 문제 삼은 이들은 과연 누구였을까요?

사실 사도 세자가 뒤주에 갇혀 죽게 된 데는 내시를 해치고, 역심을 가졌다는 것보다 더 큰 이유가 있었어요. 당시 조정에는 사도 세자를 탐탁치 않아 했던 세력이 있었어요. 사도 세자가 소론과 남인의 편이라 생각해 경계했던 노론이었지요.

 **HTX VIP 보태기**

노론이 사도 세자를 경계한 이유

사도 세자가 대리청정을 하던 1755년 초 나주에 '지금 조정에는 간신이 많다.'는 괘서가 붙는 사건이 일어났어요. 이른바 '나주 괘서 사건'이라 하는데, 이 사건은 영조의 정통성을 문제삼았던 '이인좌의 난'과 관련된 소론계 인물들이 일으켰어요. 당시 노론은 이 사건을 일으킨 소론을 처벌해야 한다고 강하게 주장했어요. 하지만 사도 세자는 영조가 결정을 내리기 전까지는 아무것도 할 수 없었어요. 사도 세자가 미온적인 태도를 보이자 노론은 사도 세자가 소론과 남인에 우호적이라 생각했고, 이후 적으로 보기 시작했어요.

노론은 사도 세자가 왕위를 잇게 되면, 자신들이 불리해질 것을 걱정했어요. 그래서 영조와 사도 세자 사이를 끊임없이 이간질해 댔어요.

노론은 영조에게 사도 세자에 대한 나쁜 소문을 일러바치고,

작은 실수도 크게 부풀려 말했어요. 그러면서 사도 세자가 왕이 되기에 적합하지 않다는 여론을 알렸지요. 노론의 얘기에
영조는 점점 더 사도 세자를 못마땅하게 여기게 됐어요. 그리고 영빈 이씨의 말에 결단을 내리게 된 것이었죠.

노론이 바라는 대로 사도 세자는 사라졌어요. 하지만 그의 아들 정조가 남아 있으니 노론은 불안했어요. 노론은 어떻게든 정조가 왕위에 오르는 걸 막고 싶었어요. 그래서 정조는 죄인의 아들이라 왕이 될 수 없다는 말까지 했어요.

영조는 정조의 왕위 계승 정통성을 두고 뒷말들이 이어질 때 어떻게 했을까요? 영조는 1764년 정조의 아버지를 사도 세자의 형이자 영조의 큰아들인 효장 세자로 바꿔 버려요. 정조를 효장 세자의 아들로 입양시키는 방법으로

아버지를 바꾼 거예요.

영조는 이를 통해 정조의 앞날에 걸림돌이 될 사도 세자의 이름을 떼어 냈어요. 그러면서 영조는 정조에게 이렇게 말했어요.

"이후로 네 아버지의 일을 들춰내는 신하는 가까이하지 말되 네 아버지를 높이려 하는 말도 듣지 말라. 네가 그렇게 한다면, 이는 할아비를 잊은 것이고, 사도도 잊은 것이 된다."

영조는 정조의 왕위 계승을 막으려는 이들이 작은 꼬투리라도 잡으려고 귀를 쫑긋한다는 걸 알았어요. 이들은 사도 세자 얘기가 나오는 순간 정조의 정통성을 문제삼을 게 분명하니 아예 거론조차 말라는 당부였지요. 과연 정조는 할아버지 영조의 당부를 끝까지 지켰을까요?

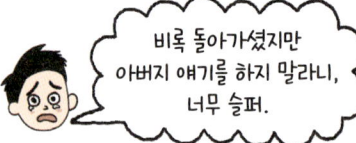

왕위에 올라 아버지 사도 세자를 높인 정조

영조가 아버지까지 바꾸며 정조를 보호했지만, 궁궐 안에는 정조의 일거수일투족을 살피며 꼬투리를 잡으려는 이들이 많았어요. 정조는 모든 말과 행동을 조심조심해야 했죠. 그렇게 영조의 믿음을 얻은 정조는 어느덧 스물네 살이 되었어요.

영조는 정조에게 대리청정의 명을 내렸어요. 노론은 정조의 대리청정을 받아들이지 않았어요. 대놓고 이렇게 말했죠.

"동궁께서는 조정의 일을 아실 필요가 없습니다!"

노론의 반대가 있었지만, 영조는 강하게 밀어붙였어요. 그리고 정조가 대리청정을 한 지 얼마되지 않 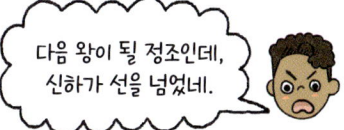 은 1776년 음력 3월 5일, 운명의 날이 찾아옵니다. 할아버지 영조가 여든셋의 나이로 세상을 떠난 거예요. 조선 역대 왕 중 가장 긴 52년의 재위 기간만큼 많은 업적을 남긴 영조가 역사 속으로 사라졌죠.

1776년 음력 3월 10일, 경희궁에서 조선 22대 왕 정조의 즉위식이 거행됐어요. 드디어 왕위에 오른 정조는 신하들이 모인 자리에서 첫 공식 연설을 했죠. 이때 정조가 내뱉은 한마디에 주위는 일순간 조용해졌어요. 여기서 퀴즈!

Q. 정조가 즉위 첫날 무슨 말을 했기에 신하들이 충격에 빠졌을까요?

나라면, "대리청정을 반대했던 신하, 나와!" 했을 거야.
그 신하, 선을 좀 많이 넘었잖아.

대리청정 반대했던 신하뿐이 아니지!
그동안 일거수일투족 감시했던 신하들한테 이렇게 선포하는 거야.
"너희들, 이제 싹 물갈이한다!"

싹 물갈이? 와, 강한데? 하지만 반발이 크지 않을까?

그런가? 그래도 뭔가 겁을 좀 주고 싶은데…….
그동안 너무 당했잖아. 노론 때문에 아버지도 돌아가셨고.

난 정조가 뭐라고 했는지 알아. 드라마에서 봤지.
쌤, 정조는 이렇게 말했어요.
"나는 사도 세자의 아들이다."

정답! "나는 사도 세자의 아들이다." 이 말을 들은 신하들은 깜짝 놀랐어요. 왜냐면 이 말은 정조가 아버지 사도 세자의 억울한 죽음을 결코 잊지 않았다는 사실을 의미했기 때문이에요. 또 앞으로 사도 세자를 친아버지로 대하고 그에 맞는 예우를 할 것이며 사도 세자의 죽음과 관계있는 사람들에 대해서는 응당한 처벌을 내리겠다는 뜻으로 얘기한 것으로 받아들여졌으니까요.

정조는 즉위한 뒤, 자신이 '사도 세자의 아들'임을 천명하고, 아버지 사도 세자를 높여 부르는 시호를 지었어요. 풀 성할 장(莊), 드릴 헌(獻) 자를 써 '장헌'이란 새로운 이름을 짓고, 사도 세자란 이름과 함께 부르게 했어요.

장헌은 어떤 뜻일까요? 사도 세자가 생전에 뭘 좋아했는지를 떠올려 보면 알 수 있어요. 바로 무예이지요. 정조는 아버지가 무예를 좋아하던 모습을 떠올리며 '무인의 기질을 지닌 총명한 사람'이라는 뜻으로 '장헌'이라 지은 거예요.

정조가 사도 세자를 높이는 일을 해 나가자 노론은 두려움을 느꼈어요. 사도 세자의 죽음과 조금이라도 관계있는 이들을 모두 제거할까 봐 겁이 났던 거죠. 하지만 정조는 그러지 않았어요. 영조와 사도 세자 사이를 오가며 이간질하는 데 특히 심했던 이들을 처벌하는 데 그쳤지요.

정조는 아버지 사도 세자를 죽음으로 내몬 이들과 척을 지지 않으려 했어요. 당시 조정에서 이들을 모두 몰아내거나 적으로 돌리면, 큰 반발에 부딪칠 게 뻔하니까요. 정조는 이들에게 복수하는 데 에너지를 쏟기보다 나랏일을 하는 데 에너지를 쓰기로 했지요.

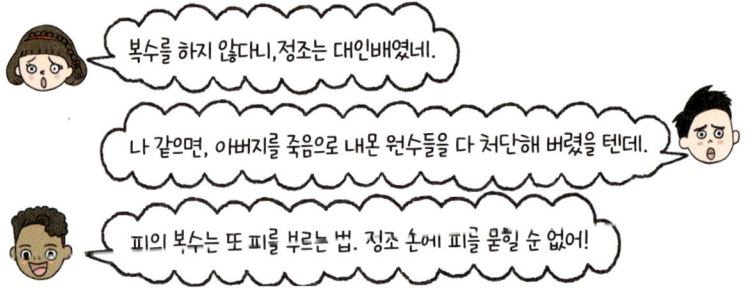

정조는 사도 세자의 죽음과 관련된 일을 매듭짓고 나랏일에 집중하려 했어요. 하지만 정조를 불편해하는 세력은 계속해서 정조를 위협했어요. 정조가 즉위한 지 1년 반이 되어가던 1777년 음력 7월 28일이었어요. 늦은 밤, 정조는 홀로 촛불을 밝히고 책을 읽고 있었어요. 그런데 갑자기 수상한 소리가 들렸어요.

저벅 저벅 저벅.

발자국 소리가 멈춘 곳은 정조가 앉은 자리 위 지붕이었어요. 그리고 그때 '쨍그랑!' 기와장이 깨지는 소리와 함께 모래까지

　푸르르 떨어졌지요. 정조는 곧장 호위 군사를 불러 궁 곳곳을 살살이 뒤졌지만 아무것도 찾지 못했어요.
　정조는 누군가 자신을 해치려던 것이 아닐까 불안했어요. 그래서 일단 거처를 옮겼는데, 그로부터 닷새 뒤 괴한이 궁궐 담을 넘는 사건이 일어나요. 붙잡힌 괴한은 서슬퍼런 칼을 들고 있었어요. 정조의 목숨을 노린 자객이었던 거예요.
　조선 역사상 처음으로 일어난 국왕 암살 시도 사건! 너무 충격적이죠? 그런데 이런 사건은 정조의 재위 기간 동안 무려 일곱 번이나 일어났어요. 한순간도 긴장을 놓을 수 없는 궁궐 생활, 정조는 얼마나 고통스러웠을까요?

개혁의 양 날개, 규장각과 장용영

정조는 영조의 탕평책을 이어 받아 정치를 했어요. 노론, 소론 등을 가리지 않고 능력 위주로 신하를 뽑았죠. 하지만 조정에는 여전히 노론이 득세하고 있었어요. 이들은 정조가 하려는 일마다 반대하며 정조를 옴짝달싹 못하게 했어요.

정조는 이런 상황을 어떻게 헤쳐 나갔을까요? 정조는 자신이 믿을 수 있는 신하, 자신을 지지해 줄 신하를 키웠어요. 학문을 연구하는 규장각을 직접 뽑은 똑똑한 인재로 채우고 자신을 도울 신하로 육성하기 시작했어요.

정조는 신하들을 키우는 일에 의욕이 넘쳤어요. 조선 역대 왕 중 누구보다 학문적 수준이 높았던 정조는 규장각 신하들에게 직접 강의를 했고 시험문제도 냈어요. 그러고는 문제를 틀린 신하를 규장각 앞 연못에 있는 작은 섬에 유배를 보냈어요. '유배'라고 하니 좀 무섭게 들리지만, 사실 그건 짓궂은 벌칙 같은 거였어요. 혼자 작은 배를 타고 연못 안에 외따로 있는 작은 섬에 가서 생각 좀 하고 오라는 뜻이었죠.

정조가 규장각에서 키운 인재 중에 정약용이 있어요. 정약용은 조선 후기를 대표하는 실학자죠. 그런데 실학이 무엇일까요?

실학은 조선 후기에 등장한 개혁 사상이에요. 조선 후기에 경제적·사회적으로 많은 변화가 일어나자 성리학을 바탕으로 하되, 현실의 문제에도 관심을 기울이는 유학자들이 생겨났어요. 이들은 실제 생활에 쓰이고 현실의 문제점을 고칠 수 있는 실용적이고 실리적인 학문을 추구했고, 이를 실학이라 했어요.

영·정조 시대는 청의 문물을 받아들여 상공업을 발달시키자고 주장하는 실학자들도 생겨났어요. 이들을 따로 '북학파'라고 불렀는데 홍대용, 박지원, 박제가, 유득공 등이에요.

HTX VIP 한국사 보태기 ▶

북학파

조선 후기에 중국 대륙에는 청이 들어서 있었어요. 조선은 청을 오랑캐라 하며 깔보았는데, 실제로 청에 다녀온 박지원, 홍대용, 유득공, 박제가 등의 실학자들은 다른 목소리를 냈어요. 이들이 북학파인데, 어떤 주장을 했는지 알아볼까요?

박지원은 청에 사절단으로 갔다가 북경과 열하 지방을 돌아보고 청의 문물을 소개한 책인 <열하일기>를 썼어요.

"다 적어서 조선에 소개해야 해."

홍대용은 청의 과학 기술을 익힌 뒤, 지구의 자전설을 알리며, 천체를 나타내는 혼천의를 만들었지요.

"지구는 둥글고, 자전을 하는 게 분명해."

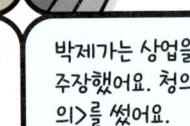

유득공은 발해가 우리 민족의 역사라는 입장을 갖고 <발해고>를 썼고, 산업 진흥을 주장하며 <영재시초>를 썼어요.

"발해사 책이 없으니 내가 써야겠다."

박제가는 상업을 발전시키고 무역을 해야 한다고 주장했어요. 청의 풍속과 제도를 소개한 <북학의>를 썼어요.

"무역을 해야 잘 살 수 있어."

정조는 규장각에 젊고 능력 있는 인재를 모으기 위해 서얼을 등용하기도 했어요. 서얼은 그동안 첩의 자식이라는 신분 때문에 관직에 오르는 길이 막혀 있었어요. 정조가 이들을 불러들이자 이들은 규장각에서 마음껏 학문을 연구하고 정조의 개혁 정치를 뒷받침했지요. 정조의 바람대로 규장각은 정조의 개혁 정치의 튼튼한 기반이 되어 갔어요.

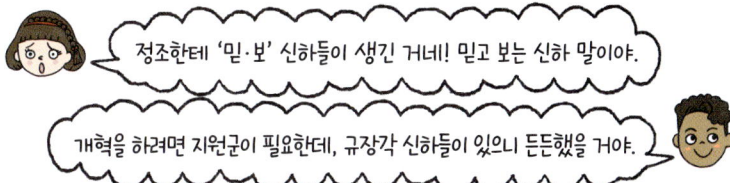

정조한테 '믿·보' 신하들이 생긴 거네! 믿고 보는 신하 말이야.

개혁을 하려면 지원군이 필요한데, 규장각 신하들이 있으니 든든했을 거야.

규장각에서 믿을 만한 정치 세력을 키웠으니 다음으로 필요한 것은 무엇일까요? 정조는 세손 시절부터 생명의 위협을 받았어요. 즉위한 뒤에도 암살 시도가 이어졌고요. 정조는 자신을 호위할 군사가 절실히 필요했어요. 그래서 탄생한 친위 부대가 '장용영'이에요.

장용영에는 무과에 합격한 사람 가운데서도 특별히 무예가 뛰어난 사람만 뽑았어요. 그리고 매일 사격술과 창검술, 기마술을 훈련시켜 뛰어난 무예 실력을 갖추게 했지요.

정조는 장용영의 군사를 거느리고 직접 훈련을 시키기도 했어요. 정조는 활솜씨가 아주 뛰어난 무예의 고수이기도 했거든요.

활을 쏘면 글자 그대로 '백발백중'이어서 조선의 신궁, 태조와 자주 비교가 되었지요. 하지만 정조는 군사들 앞에서는 화살 50발을 쏘면 49발을 맞추고 나머지 한 발은 일부러 명중시키지 않았다고 해요. 왕이 자기 재주를 자랑하는 건 군자의 도리에서 어긋난다는 게 이유였지요.

정조는 나라를 다스리는 데 학문 못지않게 무예도 중요하다고 생각한 왕이었어요. 신하들에게 휘둘리지 않고 강력한 힘을 발휘하기 위해서는 문무를 겸비한 왕이 되어야 한다고 생각했지요.

무예를 중요하게 생각한 건 정조의 아버지 사도 세자도 마찬가지였어요. 사도 세자가 〈무예신보〉라는 책을 편찬했던 걸 기억하지요? 정조도 아버지의 뒤를 이어 새로운 무예서를 편찬했어요. 정조가 직접 편찬 방향을 잡고, 규장각 신하들에게 명령해 〈무예도보통지〉를 만들었죠.

〈무예도보통지언해〉

다른 군사 서적들이 전략·전술 등 이론을 위주로 쓴 것이라면, 〈무예도보통지〉는 전투 동작 하나하나를 그림과 글로 설명한 실전 훈련서였어요. 한자를 모르는 병사들을 위해 따로 한글본도 만들었지요. 정조는 〈무예도보통지〉를 장용영, 훈련도감을 비롯한 모든 군대에서 훈련용으로 사용하게 했어요.

정조는 반대 세력이 많았던 조정에서 규장각과 장용영을 바탕으로 왕권을 강하게 만들었어요. 정조는 이제 자신만의 개혁 정치를 펴 나갈 수 있게 됐어요.

조선 후기 중흥을 이끈 정조
화성과 개혁 군주의 꿈

앗! 나 여기 와 본 적 있어!

나도 나도!

여기가 어디더라? 드라마에서 본 것 같은데.

우리는 지금, 정조가 즉위 20년을 맞은 1796년에 도착했어요. 이곳은 수원 화성이에요. 화성은 유네스코 세계 문화유산으로 등록된 세계가 인정한 자랑스러운 우리 문화유산이에요.
　화성이 수원에 만들어진 데에는 특별한 사연이 있어요. 원래 수원은 경기 남부 지역에서 가장 규모가 큰 도호부였어요. 그런데 이곳에 누군가의 묘가 들어서면서 어느새 수도 한양 다음가는 큰 도시로 성장했어요.
　누구의 묘가 들어섰던 걸까요? 바로 사도 세자의 묘예요. 정조는 왜 수도 한양을 두고 수원에 아버지의 묘를 두었을까요? 정조가 화성을 지으며 꾸었던 꿈을 만나러 가 보아요.

정조 →

정조의 아버지 묘 옮기기 계획

1789년 음력 7월 11일, 한 신하가 정조한테 상소를 올렸어요. 그 상소를 읽은 정조는 신하들 앞에서 눈물을 흘리며 이렇게 말했어요.

"상소를 읽으니 가슴이 막히고 숨이 가빠 지금 말을 하기가 어렵다. 조금 기다리라."

대체 무슨 내용의 상소이기에 정조가 말을 잇지 못하고 신하들에게 기다리라고 한 걸까요? 바로 정조의 아버지 사도 세자 묫자리에 관한 상소였어요.

당시 서른일곱 살인 정조에겐 다음 왕위를 이을 아들이 없었어요. 상소에는 사도 세자의 묫자리가 좋지 않아서 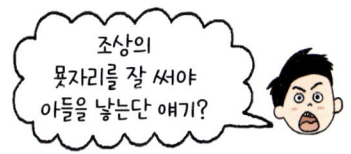 그럴 수 있으니 나라의 앞날을 위해 반드시 묫자리를 옮겨야 한다고 써 있었죠.

정조는 즉위한 해부터 사도 세자의 묘를 옮기고 싶었어요. 묫자리가 안 좋아 보였거든요. 하지만 노론 신하들이 반대할 게 뻔해 말을 꺼내기 힘들었어요. 그렇게 신하들 눈치를 보던 때에 사도 세자의 묘를 옮겨야 한다는 상소가 올라온 거예요. 묘를 옮겨야 하는 이유가 나라의 앞날을 위해서라고 하니, 신하들은 반대할 수가 없었지요.

사도 세자의 묘를 옮기기로 결정한 뒤, 신하들이 물었어요.
"전하, 묘를 어디로 옮기는 것이 좋으시겠습니까?"
신하들이 묻자 정조는 이미 생각해 둔 듯 이렇게 말했어요.
"나의 뜻은 이미 정해져 있다. 수원으로 옮기도록 하라!"
정조는 왜 수원으로 정했을까요? 정조는 풍수지리*라는 학문에도 아주 능통했어요. 아버지의 묘를 옮길 터로 여주, 광릉, 용인 등이 후보로 올라왔지만 정조는 다 마음에 들지 않았어요. 그러다가 명당이라고

풍수지리
지형이나 방위를 인간의 길흉화복과 연결시켜 죽은 사람을 묻거나 집을 짓는 데 알맞은 장소를 구하는 이론.

하는 수원을 고른 것이었지요.

정조는 묘를 옮길 준비를 시작했어요. 정조가 무려 13년을 기다렸던 일이 상소가 올라온 지 나흘 만에 시작된 거예요. 하지만 여기에는 놀라운 반전이 숨어 있어요. 이 모든 것은 정조의 철저한 계획이었다는 반전이지요.

정조는 사도 세자의 묫자리를 옮기는 걸 신하들이 반대하자 머리를 썼어요. 어느 날, 정조와 친척 관계에 있는 신하를 불러 이렇게 말했죠.

"자네는 상소를 써서 올리게. 그러면 내가 신하들 앞에서 읽고 눈물을 흘리겠네."

상소가 올라오고, 정조가 신하들 앞에서 말을 잇지 못한 것은 모두 정조의 각본이었어요. 정조가 상황을 짜고, 연기, 연출까지 사전에 모두 완벽하게 계획했던 것이었죠.

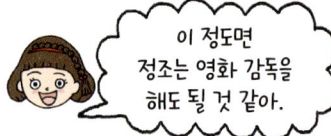
이 정도면 정조는 영화 감독을 해도 될 것 같아.

사도 세자의 무덤, 현륭원

정조는 아버지의 묘를 왕릉에 버금가는 규모로 화려하게 짓고 싶었어요. 먼저 왕의 관에만 허락된 청룡, 백호, 주작, 현무를

현륭원(융릉) ↑

관 안에 그려 넣었어요. 그리고 세자의 묘에는 잘 두르지 않는 병풍석도 둘렀어요. 또한 문인석과 함께 왕과 왕비의 능에만 허락된 무인석도 세웠어요.

현륭원(융릉)의 병풍석 ↑

 마침내 사도 세자의 묘가 옮겨졌고, 정조는 묘의 이름을 '현륭원'이라고 지었어요. 현륭원은 이후 이름이 바뀌어 오늘날에는 융릉이라고 한답니다.

아버지의 묘를 번듯하게 옮긴 정조는 그제야 평생 가슴에 품고 살았던 아버지에 대한 슬픔을 달랠 수 있었어요. 조선 제일 명당에 아버지를 모심으로써 지난날 하지 못한 효를 다하고, 아버지의 명예도 천천히 회복시켰죠.

현륭원(융릉)에는 정조의 아버지 사도 세자에 대한 마음이 담겨 있어요. 보통 능은 무덤 앞의 건물 정자각을 무덤과 일직선상에 놓아 지어요. 그런데 현륭원(융릉)은 정자각이 옆으로 비스듬히 비켜 있어요. 정조가 뒤주에 갇혀 돌아가신 아버지

↑ 현륭원(융릉)   ↑ 영릉(세종 대왕릉)

사도 세자가 정자각에 앞이 막혀 갑갑하지 않았으면 하는 마음에 정조가 일부러 방향을 틀어 지었다고 해요.

이처럼 지극한 정성 덕분일까요? 정조는 묘를 옮기고 나서 정말 아들을 얻게 되었어요. 아버지를 좋은 곳에 모시고, 아들까지 얻었으니 정조는 더할 나위 없이 기뻤지요.

백성의 목소리에 귀 기울인 능행

정조는 아버지 사도 세자의 현륭원은 물론이고 선왕의 능을 참배한다며 자주 궁궐 밖 나들이를 했어요. 이를 무덤 능(陵), 거동할 행(幸)을 써 '능행'이라고 해요. 정조는 재위 기간 동안 70여 차례나 능행에 나섰어요. 조선의 어느 왕보다도 많았죠. 정조는 왜 이렇게 자주 능행에 나섰던 걸까요?

능행은 왕의 나들이니 으리으리했겠죠? 백성들은 그걸 보며 왕의 권위를 우러르게 됐을 거예요. 정치적인 목적이 있었던 거죠. 하지만 정조에게는 이보다 더 중요한 게 있었어요. 바로 능행을 하는 동안 궁 안에서는 들을 수 없는 백성들의 목소리를 직접 듣는다는 거였어요.

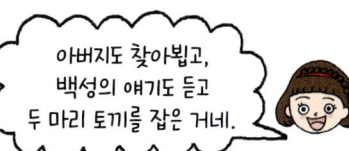

아버지도 찾아뵙고, 백성의 얘기도 듣고 두 마리 토끼를 잡은 거네.

정조는 능행 때 백성들의 이야기를 듣고, 궁궐로 돌아온 뒤 신하들과 열띤 논의를 거쳐 백성을 위한 정책을 내놓았지요. 그러자 백성들은 정조의 능행 때마다 구름처럼 몰려들었어요. 백성들은 글을 써서 올리거나 글을 모르면 징이나 꽹과리, 북을 쳐서 자신의 어려움을 정조에게 직접 호소했어요. 이렇게 백성이 왕의 행차 길에서 징 등을 쳐 자신이 당한 어려움이나 나라에 바라는 점을 알리는 것을 '격쟁'이라고 해요.

격쟁은 상언과 함께 조선 시대에 백성의 민원을 해결해 주기 위한 대표적인 제도였어요.

상언
백성이 자신의 어려움이나 억울함을 한문으로 직접 써 왕에게 문서로써 올리는 것.

영조가 재설치한 신문고도 있었지만, 사실 신문고는 궁궐 안에 있었기 때문에 백성들이 접근하기가 쉽지 않았죠.

상언과 격쟁은 정조 시대에 가장 활발했어요. 정조 재위 기간 동안 4,000건이 넘는 민원이 접수됐다고 해요. 이는 정조가 능행을 자주 나선 까닭도 있지만, 그만큼 정조가 백성들의 말에 귀를 기울이기 위해 격쟁 제도를 강화시킨 덕분이에요.

당시 백성들의 목소리 가운데 시전* 상인을 벌줘야 한다는 이야기가 많았어요.

"시전 상인이 제가 팔려고 가져온 생선을 싼값에 거둬 가 버렸어요."

> **시전**
> 조선 시대에 시장 거리에 있던 큰 가게. 시전에서 장사하는 사람을 시전 상인이라 부른다.

"시전 상인에게 쫓겨나 나물이며 달걀을 팔 수 없었어요. 그걸 팔아야 가족들이 먹을 쌀을 살 수가 있어요."

한탄하며 울부짖는 이들은 시장에서 작은 물건을 파는 상인들이었어요. 도대체 이게 다 무슨 얘기일까요?

조선 후기에 시장이 발달하면서 허가 없이 장사를 하는 '난전'이 크게 늘어났어요. 난전은 정해 놓은 시전의 시장 질서를 어지럽힌다고 해서 어지러울 난(亂) 자를 써 붙여진 이름이지요. 나라의 허가를 받고 장사하는 시전 상인들은 난전이 늘자 장사에 위협을 받았어요. 그러자 나라에서는 시전 상인들에게 세금을

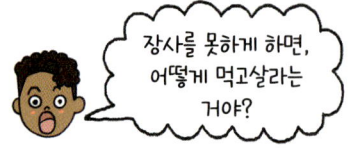

받는 대신 난전을 단속할 수 있는 특권을 주었어요. 난전을 금할 권리라 해서 이 특권을 '금난전권'이라고 해요.

시전 상인들은 금난전권을 내세워 난전 상인들이 도성 안과 도성 밖 10리에서는 장사를 못하도록 막았어요. 작은 물건이라도 팔아 입에 풀칠을 하던 난전 상인들은 먹고 살 길이 막막했지요.

또 시전 상인들은 난전 상인들의 물건을 싼값에 빼앗다시피해 물건을 쌓아 두었다가 나중에 값이 오른 후에 시장에 내

다 팔기도 했어요. 난전 상인은 물건을 못 팔아 억울하고 사람들은 물건을 비싸게 사는 손해를 보는 상황이 됐던 거예요.

1791년, 정조는 신하들과 논의에 논의를 거친 끝에 금난전권을 폐지하기로 결정했어요.

"한양의 시전 중에서 육의전을 빼고 금난전권을 없애기로 한다!"

> **육의전**
> 나라에 필요한 물품을 공급하던 여섯 종류의 큰 상점을 말한다.

금난전권의 특권을 없애 모두가 장사할 수 있게 한 이 정책의 이름은 '신해통공'이에요. 시장에서 모두 통하게 하는 '통공' 정책을 1792년 신해년에 시행했다 해서 붙여진 이름이지요. 누구라도 자유롭게 장사할 수 있게 한 이 정책으로 상업이 발달하기 시작했어요. 그리고 정조에게 어려움을 호소했던 난전 상인과 백성들도 눈물을 닦게 되었어요.

정조가 백성의 어려움을 살펴 내놓은 정책은 이뿐이 아니에요. 농사를 위해 수리 시설을 크게 늘리고, 관청에 속한 노비를 해방시키기 위한 기초도 닦았어요. 영조가 펼친 민생 정책에 견줄 만큼 정조도 다양한 민생 정책을 펼쳤어요.

> 정조는 워크홀릭 느낌이 나. 열일했어.

수원 화성과 이루지 못한 개혁의 꿈

정조는 사도 세자의 묫자리를 옮기면서 신하들한테 한 가지 더 지시했어요. 원래 그곳에 살고 있던 백성들을 팔달산 동쪽 넓은 들판으로 이주시키고 그들이 사는 데 불편함이 없도록 하라고 말이에요. 정조의 지시로 백성들이 이주해 간 곳이 지금의 수원이지요.

정조는 아버지의 묘가 있는 수원을 한양 다음으로 큰 도시로 만들고 싶었어요. 그래서 수원으로 이사를 하는 백성들한테 여러 가지 혜택을 주고, 수원이라는 이름도 지위를 높여 화성으로 바꾸었어요. 그렇게 애를 쓴 덕분에 수원은 조선 제2의 도시로 크게 성장했지요.

한편 정조는 백성들을 보호하기 위해 성을 만들었어요. 바로 화성이지요. 수원에 화성을 지은 까닭은 아버지의 무덤을 보호하기 위해서였어요. 아버지를 위한 성이기도 했으니 다른 성보다 더 화려하게 짓고 싶었지요.

정조는 화성의 설계를 정약용에게 맡겼어요. 정약용은 정조가 현륭원으로 능행을 갈 때 강을 건널 수 있도록 배다리를 만든 적이 있었어요. 정약용은 커다란 배 80여 척을 옆으로 나란히 세운 뒤 그 위를 판자로 덮어 왕의 행차가 지나

갈 수 있도록 다리를 만들었어요. 행차가 끝나면 배들은 다시 본래의 쓰임새대로 사용할 수 있어서 효율적이었죠. 정조는 이때 정약용이 건축에 능한 걸 보고 화성 설계를 맡긴 거예요.

화성 건설은 막대한 비용이 들고 오랜 기간이 걸릴 것으로 예상됐어요. 그래서 시작부터 노론의 강력한 반대에 부딪쳤죠.

배다리는 진짜 '배'를 이어 만든 다리구나.

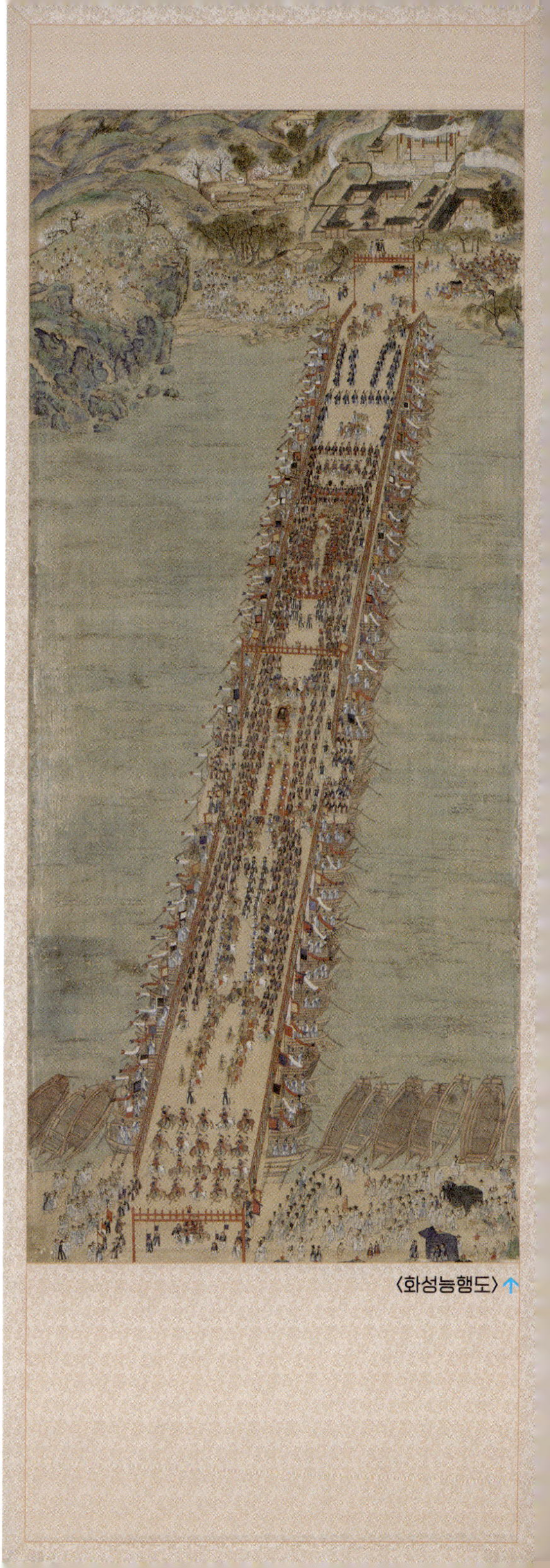

〈화성능행도〉

↑ 채제공

정조는 반대 여론을 돌파하기 위해 채제공에게 공사의 총괄 책임을 맡겼어요. 채제공은 신해통공을 건의하고 시행까지 밀어붙인 신하였어요. 정조는 강직한 성품과 추진력을 가진 채제공이라면 화성 건설도 잘 진행할 거라 믿은 거예요.

1794년, 화성 건설이 이렇게 첫 삽을 떴어요. 10년이 걸릴 것으로 예상했던 화성은 놀랍게도 2년 7개월 만에 완성됐지요. 화성이 빠르게 완성될 수 있었던 것은 정약용의 정확한 설계도와 새로 만든 기계 덕분이었어요. 정약용이 만든 거중기는 40근의 힘을 가하면 625배나 되는 2만 5,000근의 돌을 들어올릴 정도로 성능이 뛰어났지요.

또, 공사에 동원된 백성들이 열심히 일한 것도 공사 기간을 획기적으로 단축하는 데 한몫했어요. 정조는 공사에 동원된 백성들에게 또박또박 임금을 주었어요. 백성들은 일한 만큼 돈을 주니, 일하러 오는 걸 꺼리지 않았죠. 오히려 일하고 싶은 사람이 너무 많아 골칫거리일 정도로 백성들이 열심이었다고 해요.

수원 화성 ↑

 결국 화성 건설은 정약용, 채제공 등의 신하들과 백성들이 적극적으로 참여해 이뤄 낸 것이라 할 수 있지요.
 화성은 우리나라 전통의 성곽 양식에 청에서 들여온 최신 양식을 접목해 만든 성이에요. 정약용이 〈기기도설*〉을 연구하면서 서양의 성곽을 참고했거든요.
 또, 대개의 성은 산이나 높은 언덕에 짓는데 화성은 평지에 있어요. 그래서 적을 막는데 필요한 방어 시설과 백성들이 사는데 필요한 시설을 모두 갖추고 있지요.

> **기기도설**
> 1627년 예수회 선교사 테렌즈가 16세기까지의 서양 기술을 소개한 과학서.

HTX VIP 한국사 보태기

화성 건설에 쓰인 기계

화성 건설에 쓴 기계들은 당시로서는 획기적인 발명품이었어요. 수원 화성을 단기간 내에 완성시키는데 큰 역할을 했지요. 어떤 기계들이었는지 〈화성성역의궤〉에 실린 설계도를 살펴보면서 어떻게 쓰였는지 알아볼게요.

거중기

정약용이 만든 것으로, 도르래를 이용해 무거운 것을 쉽게 들어 올리는 기계예요. 건축이나 토목 공사에 쓰였지요.

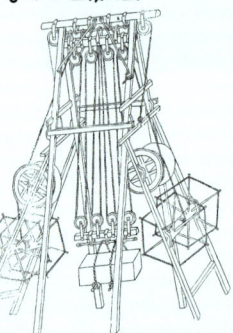

녹로

높은 곳이나 먼 곳에 무엇을 달아 올리거나 끌어당길 때 쓰는 도르래예요. 모양이 마치 크레인처럼 생겼지요.

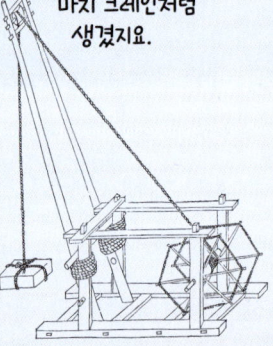

유형거

기존 수레를 개량한 것으로, 무거운 자재를 안전하고 쉽게 운반할 수 있게 정약용이 만들었어요.

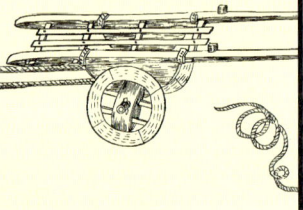

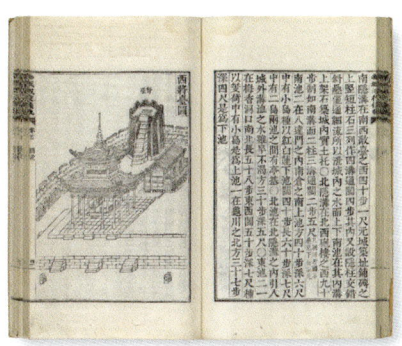

〈화성성역의궤〉

화성은 조선을 대표하는 최고의 건축물이자 자랑스러운 문화유산이에요. 1997년에는 유네스코 세계 유산으로 등재되기도 했지요. 화성이 세계 유산이 될 수 있었던 것은 〈화성성역의궤〉 덕분이에요.

1801년에 만들어진 〈화성성역의궤〉에는 각 건물의 정보와 화성 공사의 모든 과정이 꼼꼼하게 기록되어 있어요. 심지어 성을 쌓는 동안 무슨 일이 있었는지, 어떤 기능을 가진 기술자 몇 명이 일했는지 세세하게 기록해 놓았어요. 완성된 건물의 크기와 모습까지도 자세하게 그려 놓았어요.

덕분에 일제 강점기와 6·25 전쟁 때 부서진 화성을 거의 처음과 같은 모습으로 복원해 낼 수 있었어요.

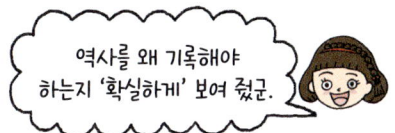

역사를 왜 기록해야 하는지 '확실하게' 보여 줬군.

화성은 지극한 효심으로 완성된 성이었어요. 하지만 단순히 아버지를 위해서, 백성들을 위해서만 지은 성이 아니었어요. 화성은 정조한테 남다른 의미가 있었어요. 〈정조실록〉에는 화성에 대한 정조의 생각이 그대로 기록돼 있어요.

"호위를 엄하게 하려는 것도 아니요, 변란을 막기 위한 것도

아니다. 여기에는 나의 깊은 뜻이 있다. 장차 내 뜻이 성취되는 날이 올 것이다."

  정조가 화성을 세운 가장 큰 이유, '나의 깊은 뜻'은 과연 무엇일까요? 정조는 개혁 정치를 펴기 위해서는 한양을 벗어날 필요가 있다고 생각했어요. 강력한 탕평책에도 불구하고 조정은

← 〈화성전도〉

내 이곳에서 조선의 미래를 열리라!

여전히 노론의 손이 구석구석 미치지 않는 곳이 없었거든요. 그래서 선택한 곳이 바로 수원이었어요.

   정조는 서양 문물이 들어오기 시작하고, 시장의 발달로 경제에도 커다란 변화가 일어나고, 양반 사회는 물론 일반 백성들의 생각에도 변화가 시작되고 있다는 걸 이미 느끼고 있었어요. 수원에서 시대에 맞게 나라를 바꿀 개혁 정책을 하나씩 실행해 나갈 계획을 세웠던 거예요.

   하지만 안타깝게도 정조는 화성을 완성한 지 3년 만인 1800년, 갑작스럽게 세상을 떠나고 말아요. 평소 앓던 종기가 덧나기를

화성에서 살아 보지도 못하고 죽음을 맞다니! 너무 슬프다.

어려서부터 힘든 일을 너무 많이 겪었어. 스트레스 탓도 있었을 거야.

반복하다 날로 악화되더니 다시는 일어나지 못하게 된 거예요.

정조는 24년의 재위 기간 동안 개혁을 위해 숨 가쁘게 달렸어요. 서얼을 인재로 등용하고, 공노비 제도를 폐지할 것을 논의해 사회질서를 새롭게 세우고, 경제를 개혁하면서 오직 백성이 잘 사는 나라를 만들기 위해 노력했어요.

정조의 갑작스런 죽음이 아니었다면, 정조가 수원 화성에서 개혁의 꿈을 이루었다면 조선의 역사는 어떻게 바뀌었을까요? 또 오늘날 대한민국은 어떤 모습이었을까요? 미완성으로 끝난 정조의 개혁이 무척 아쉬워지는 순간입니다.

"역시! 한국사 여행을 계속할수록 여러분의 여행 소감도 더 풍성해지고, 깊이가 생기네요. 아주 뿌듯해집니다. 이조선 교수님은 이번 여행이 어땠나요?"

한 쌤이 이조선 교수님을 보며 물었어요.

"영조와 정조는 개혁 군주, 호학 군주, 애민 군주 이렇게 다양하게 불릴 정도로 자랑할 게 많은 능력자 왕들이에요. 그런데 이번 여행에서는 조금 더 개인적인 아픔, 상처를 내밀하게 들여다 보았어요. 어찌 보면 상당한 핸디캡을 안고서 왕이 됐는데 훌륭한 업적을 많이 남겼죠. 존경심이 드는 부분이 많았어요."

이조선 교수님이 상기된 표정으로 말했어요.

"맞아요. 영조도 정조도 보통 사람이라면 인생에 한 번 겪을까 말까 한 엄청난 사건을 겪었는데 잘 이겨 냈어요."

여주가 엄지를 치켜세우며 환하게 웃었어요.

"저는 붕당끼리 헐뜯고 싸운 게 마음에 안 들었어요. 거기다 왕 자리까지 자기들이 쥐락펴락하다니!"

마이클의 열변에 여주가 끼어들었어요.

"오죽하면 영조가 탕평채를 상에 올렸겠어? 난 요리 수업 때 탕평채를 만들어 봤는데 그렇게 깊은 뜻이 있는 줄 몰랐어."

"우리도 탕평채 먹으면서 서로 친하게 지내 보자고. 히히."

만세가 입맛을 다시며 말하자, 여주가 깔깔거리며 말했어요.

"만세야, 수원 왕갈비는 어때? 쌤, 전 이번 주말에 가족과 함께 세계 유산인 수원 화성을 보러 갈래요. 직접 가서 정조의 꿈을 제대로 느끼고 올래요."

"나도, 나도 데려가."

만세의 어울리지 않는 애교에 모두가 웃었지요.

"한 가지 더 드는 생각있어요. 지도자라면 사명감을 갖고 비전과 목표를 설정하는 것이 중요한데, 영조와 정조는 침체된 조선 후기, 나라를 부흥시키겠다는 목표가 분명했어요. 실학 사상이 꽃피고, 많은 제도 개혁이 이루어지고, 시장이 발달하고, 천문학, 과학을 받아들이고 조선의 르네상스를 이루어 냈지요. 백성들에게 좋은 리더 역할을 했던 왕이었죠!"

이조선 교수님의 말을 골똘히 듣던 여주가 말했어요.

"만약에 정조가 갑자기 죽지 않았다면 어떻게 됐을까요? 조선은? 그리고 지금 우리나라는 어떻게 변했을까요? 주말에 수원 화성을 돌아보며 더

다음 여행에는 또 다른 분이 오셔서 한국사를 풀어 줄 거랍니다.

깊게 생각해 볼래요."

　갑자기 박수 소리가 터져 나왔어요. 한 쌤이 여주를 향해 박수를 친 거였어요.

　"오늘 우리가 함께 과거 여행을 했지만, 역사는 과거에 머물러 있지 않는다는 거, 역사에서 배우고 우리는 미래로 나아간다는 메시지를 여러분이 전달받은 것 같아서 아주 뿌듯하네요. 자, HTX가 다음 여행에서는 우리를 어느 시대로 데려갈지, 다음 벌거벗은 한국사 여행을 기약하며 안녕!"

역사 정보

❶ 시대 배경 살펴보기
❷ 인물 다르게 보기
❸ 또 다른 역사 인물들

◈ 주제 마인드맵 ◈

벌거벗은 한국사 퀴즈

◈ 영조 편
◈ 정조 편
◈ 정답

영·정조 시대에 꽃핀 실학

영조와 정조 시대에 이루어진 개혁 정치는 조선 후기에 새롭게 등장한 실학 사상과 함께 발전했다고 할 수 있어요. 조선 후기 개혁의 물꼬를 튼 실학은 무엇이고, 어떻게 발전했는지 알아보아요.

조선 후기에 실학이 나타난 것은 당시 조선의 어려운 상황 때문이었어요. 임진왜란과 병자호란을 겪으면서 국토는 황폐해졌고, 백성들은 하루하루 먹고사는 일이 힘들었어요. 이때까지 나라를 다스리는 원리였던 성리학으로는 이러한 현실을 해결할 대책을 세울 수가 없었어요. 예법이나 도리 등 이론에 집중하다 보니 실생활과는 동떨어지게 됐던 것이죠.

이에 대한 반성으로 오늘날 '실학'으로 일컫는 학풍이 조선 후기에 나타났어요. 실학자들은 성리학 외에도 실제 생활에 도움이 되는 학문을 연구하고 이를 현실에 응용하자고 주장했어요. 한발 앞선 서양의 과학 기술과 문화 등을 받아들이는 데도 적극적이었지요.

실학자들은 나라를 부강하게 만들고, 백성들의 어려운 삶을 나아지게 하는 여러 방법을 제시했어요. 유형원, 이익, 정약용 등은 나라의 근본인 농민이 잘 살기 위해서는 모든 땅을 나라의 것으로 만든 다음, 실제로 농사짓는 농민들에게 땅을 나누어 주어야 한다고 주장했어요. 박지원, 박제가 등은 상업과 공업을 발전시켜 백성들의 소득을 높이자고 주장했지요.

실학자들은 중국 중심의 사고에서 벗어나 우리 민족의 자주성을 높이자고도 주장했어요. 때문에 우리 역사와 지리에 대한 연구가 활발히 이루어졌어요. 이 무렵 김정호의 '대동여지도'를 비롯해 여러 가지 지도가 만들어졌지요.

　실학자들의 주장은 영조와 정조 시대에 경제 개혁, 사회 제도 변화 등 국가 정책에 반영되기도 했어요. 특히 정조가 실학자들을 많이 등용했어요. 하지만 1800년, 정조의 죽음으로 개혁 정책은 미완성으로 남게 됐고, 실학자들은 자신들의 뜻을 펴지 못한 채 뿔뿔이 흩어지고 말았어요. 이후 실학 사상은 조선 말 개화파에게 큰 영향을 주게 돼요.

검소한 영조와 엄친아 정조

사도 세자한테 엄격했던 영조는 자신한테도 엄격한 왕이었어요. 무척 검소하며, 항상 근검절약하며 살았지요. 정조는 어릴 때부터 '엄친아'였어요. 영조와 정조의 숨겨진 모습을 알아볼까요?

검소한 왕, 영조

영조는 한평생을 검소하게 살았어요. '백성은 하루 세끼 먹는 것도 어려운데, 왕이라고 어찌 하루 다섯 끼를 먹겠는가!' 하면서 자신의 끼니를 줄이고, 아침에는 죽, 점심과 저녁에는 밥과 김치, 시금치, 고추장 같은 채식 위주의 반찬으로 식사를 했다고 해요. 또 비단 대신 명주로 만든 이불을 쓰고, 버선도 해진 데를 기워서 신기도 했어요. 영조는 옷에 무늬를 새겨 옷감을 짜는 것도 사치라고 금지했지요.

영조는 백성들한테도 검소한 삶을 강조했어요. 먹고살기도 힘든데, 술을 만드느라 쌀을

> 앞으로 끼니도 줄이고, 반찬 수도 줄이도록 하라.

낭비해선 안 된다며 전국에 금주령을 내렸지요. 또한 여자들의 사치스러운 가체를 금지하는 등 사치와 낭비를 막기 위해 애썼어요.

엄친아, 정조

정조는 어릴 때부터 총명함이 남달랐어요. 일찌감치 이를 알아본 할아버지 영조는 정조가 여섯 살일 때부터 경연 자리에 데리고 다니며 신하들과 토론하게 했어요. 하지만 왕이 되고 5년 후부터는 참석하는 횟수를 점차 줄이더니 16년 후로는 경연을 아예 폐지했다고 해요. 이유는 '더 이상 배울 것이 없어서'라는 거였지요.

정조는 젊은 나이에 이미 학문에서 따라 올 사람이 없어 경연을 하면 신하들을 가르치는 일이 더 많았다고 해요. 이런 이유로 경연을 폐지한 왕은 정조가 유일하지요.

또한 지적 수준이 높고 다방면에 식견도 넓었던 정조는 동궁 시절부터 국왕 재위 기간 동안 지었던 여러 시와 산문을 모아 〈홍재전서〉를 편찬했어요.

조선 후기를 대표하는 실학자, 박지원과 정약용

조선 후기 실학자를 대표하는 인물은 박지원과 정약용이에요. 북학파의 대표 주자인 박지원과 실학을 집대성한 정약용에 대해 좀 더 자세히 알아볼까요?

북학 사상의 선구자, 박지원

조선 후기 대표적인 실학자인 박지원은 마흔세 살 되던 해에 사신의 수행원으로 북경에 가게 됐어요. 이때 중국은 청이 들어서 있었고, 박지원은 청의 발전된 모습을 볼 수 있었지요. 당시 청은 서양과의 교류가 활발해 과학 기술, 문화 등이 조선에 비해 훨씬 앞서 있었어요.

박지원은 청에서 보고 들은 것을 〈열하일기〉라는 책으로 펴냈어요. 여기에 산천과 성곽, 배와 수레, 생활 도구, 시장에서 장사하거나 공장에서 물건을 만드는 모습까지 모두 꼼꼼히 기록했지요.

↑ 박지원

박지원은 〈열하일기〉를 통해 청을 오랑캐로 배척할 것이 아니라, 그들의 선진 문물과 제도를 받아들여야 한다고 주장했어요. 특히 상공업을 발전시켜 조선을 부강한 나라로 만들어야 한다고 했어요.

History information

여러 차례 중국을 방문한 박제가와 홍대용 등도 박지원과 비슷한 생각을 했지요. 이들을 중상학파 혹은 북학파라고 해요.

실학을 집대성한 조선 최고의 학자, 정약용

정약용은 정조의 개혁 정책에서 빼놓을 수 없는 인물이에요. 정조가 세운 규장각에서 정조의 총애를 받으며 일했지요. 과학, 천문학, 수학 등 동서양의 학문을 두루 섭렵하며 방대한 지식을 쌓은 정약용은 수원 화성을 건설하는 데 큰 역할을 했어요.

하지만 정조가 세상을 떠난 후, 온갖 모함에 시달리다가 전라도 강진에서 18년간 유배 생활을 하게 돼요. 정약용은 당대 최고의 학자답게 긴 유배 생활 동안 오직 학문에만 몰두해 500여 권의 저서를 남겼어요. 지방 관리들의 지침서인 〈목민심서〉, 각종 제도의 개혁안을 담은 〈경세유포〉, 형벌 제도 개선안을 담은 〈흠흠신서〉, 홍역에 관한 의학서인 〈마과회통〉 등이지요.

조선 후기 실학을 집대성한 대학자이자 개혁가인 정약용, 만약 자신을 든든하게 지원해 준 정조가 갑작스럽게 죽음을 맞이하지 않았다면 정약용의 실학 사상과 재능은 조선 후기 사회를 변화시키는 데 큰 역할을 했을 거예요.

↑ 정약용이 유배 중 실학을 집대성한 다산 초당

조선 후기를 부흥으로 이끌었던 영조와 정조

조선 후기, 붕당의 대립으로 인한 폐단을 없애기 위해 영조와 정조는 탕평으로 정치를 안정시키고 민생에 힘을 쏟았지요.
정치와 민생을 안정시키려고 애썼던 두 왕의 업적을 볼까요?

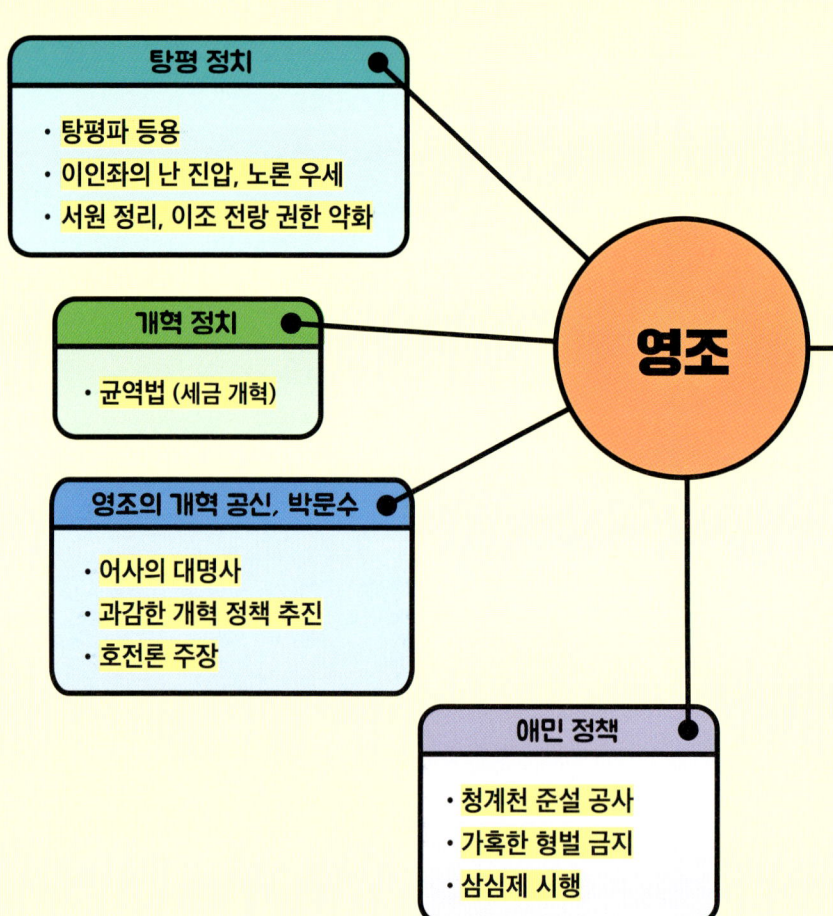

 History information

정조

탕평 정치
- 능력 위주 인재 등용
- 규장각 설치, 개혁 세력 육성
- 장용영 설치로 왕권의 군사적 기반 마련

개혁 정치
- 서얼을 등용
- 금난전권 폐지(신해통공)
- 공노비 제도 폐지 논의

정조의 개혁 공신, 정약용
- 규장각에서 활약
- 조선 후기 실학의 대표 주자
- 배다리, 화성 설계

애민 정책
- 상언과 격쟁

화성 건설
- 상업 중심의 계획 도시
- 정약용이 설계한 거중기 등 사용
- 새로운 도구 제작
- 개혁 정책의 지역적 기반 확보 목적

벌거벗은 한국사 퀴즈 영조 편

한국사능력검정시험 제21회 초급 26번

 다음 자료와 관련된 왕이 추진한 정책으로 옳은 것은? (   )

① 당백전을 발행했다.
② 경국대전 편찬을 시작했다.
③ 북벌을 위해 무기를 새롭게 정비하였다.
④ 군사가 되는 대신 내는 베를 1년에 1필로 줄였다.

 영조가 뒤주에 가둬 세상을 떠나게 한 세자의 이름으로 알맞은 것은? (   )

① 의경 세자   ② 소현 세자   ③ 사도 세자   ④ 순회 세자

한국사능력검정시험 제30회 기본 23번

 그림의 관리가 받아갈 물건으로 옳은 것은? (   )

① 홍패
② 호패
③ 마패
④ 공명첩

한국사능력검정시험 제58회 기본 25번

 밑줄 그은 제도로 옳은 것은? (   )

① 균역법   ② 대동법   ③ 영정법   ④ 직전법

벌거벗은 한국사 퀴즈 정조 편

한국사능력검정시험 제15회 초급 26번

 다음 자료의 유적에 대한 설명으로 옳지 않은 것은? (   )

> **역사 신문**
> 제○○호　　　　　　　　　　　○○○○년 ○○월 ○○일
>
> 화성, 임금의 꿈이 실현되다!
>
> 임금의 오랜 꿈이었던 화성이 공사 시작 2년 7개월 만에 완공되었다. 이 성은 축적된 지식과 기술이 총동원되어 건설된 성곽이다.

① 흥선 대원군 때 중건되었다.
② 오늘날의 수원에 위치해 있다.
③ 거중기를 이용하여 건설되었다.
④ 세계 유산으로 등록되었다.

 왕이 행차할 때 백성이 징이나 꽹과리, 북 등을 치며 자신의 어려운 일을 호소할 수 있게 하는 제도는? (   )

① 상언　　② 신문고　　③ 격쟁　　④ 투서

한국사능력검정시험 제30회 기본 25번

 (가) 들어갈 인물로 옳은 것은? (   )

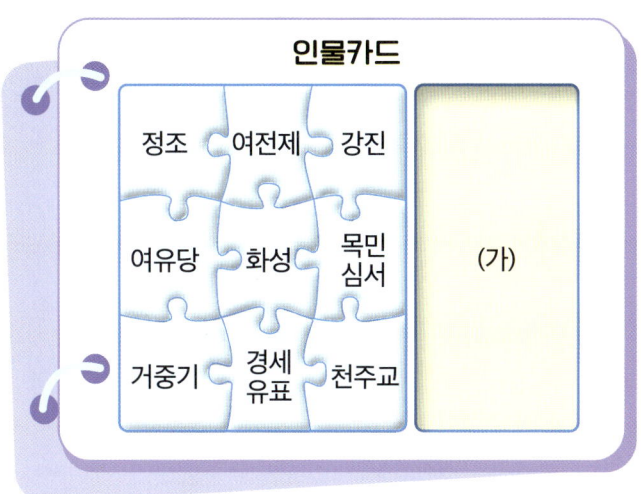

인물카드

정조 · 여전제 · 강진
여유당 · 화성 · 목민심서
거중기 · 경세유표 · 천주교

(가)

① 박지원   ② 박제가   ③ 정약용   ④ 홍대용

 (가), (나)에 들어갈 낱말을 알맞게 쓴 것은? (   )

(가)
정조가 인재를 양성하기 위해 세운 기관

(나)
정조가 왕의 호위를 위해 조직한 군대

① (가) 홍문관, (나) 훈련도감   ② (가) 규장각, (나) 장용영
③ (가) 독서당, (나) 어영청   ④ (가) 집현전, (나) 금위영

벌거벗은 한국사 퀴즈 정답

영조 편

 ④ 군사가 되는 대신 내는 베를 1년에 1필로 줄였다.

 ③ 사도 세자

 ③ 마패

 ① 균역법

정조 편

 ① 흥선 대원군 때 중건되었다.

해설 흥선 대원군은 경복궁을 중건했다.

 ③ 격쟁

 ③ 정약용

 ② (가) 규장각, (나) 장용영

사진 출처

19쪽 탕평비각_게티이미지코리아
20쪽 탕평비_한국민족문화대백과사전
33쪽 탕평채_게티이미지코리아
36쪽 마패_국립중앙박물관
38쪽 박문수 초상화_문화재청
48쪽 〈속대전〉_국립중앙박물관
49쪽 〈어전준천 제명첩〉_부산시립박물관
50쪽 사도 세자의 묘지문
_국립중앙박물관
51쪽 사도 세자의 묘지문
_국립중앙박물관
74쪽 규장각_위키미디어
75쪽 규장각 서가_국립중앙박물관
89쪽 창덕궁 부용정_문화재청
93쪽 〈무예도보통지언해〉
_국립한글박물관
94쪽 수원 화성 팔달문_한국관광공사
95쪽 수원 화령전 정조 어진
_한국저작권위원회

99쪽 융릉_국립문화재연구소
융릉 병풍석_문화재청
100쪽 사도 세자 묘_문화재청
세종대왕 묘_게티이미지코리아
107쪽 〈화성능행도〉 병풍_
국립고궁박물관
108쪽 채제공 초상화_위키미디어
109쪽 수원 화성_위키미디어
110쪽 거중기_국립중앙박물관
녹로_국립중앙박물관
유형거_서울대학교 규장각한국학 연구원
111쪽 〈화성성역의궤〉_국립중앙박물관
112쪽 〈화성전도〉_국립중앙박물관
126쪽 박지원 초상화_위키미디어
127쪽 다산 초당_게티이미지뱅크
130쪽 영조 어진_국립고궁박물관
〈어전준천제명첩〉
_부산시립박물관

벌거벗은 한국사

❺ 조선 시대 개혁을 이끈 영조와 정조

기획 tvN STORY 〈벌거벗은 한국사〉 제작진 | 글 박선주 | 그림 이효실 | 감수 계승범·김경수·정해득

1판 1쇄 발행 | 2024년 1월 3일
1판 3쇄 발행 | 2025년 2월 1일

펴낸이 | 김영곤
아동부문 프로젝트1팀장 | 이명선
기획개발 | 채현지 김현정 강혜인 최지현 이하린
아동마케팅팀 | 장철용 양슬기 명인수 손용우 이규림 최윤아 송혜수 이주은
영업팀 | 변유경 김영남 강경남 황성진 김도연 권채영 전연우 최유성
디자인 | 박수진 **구성** | 김익선 **제작** | 이영민 권경민

펴낸곳 | (주)북이십일 아울북
등록번호 | 제406 - 2003 - 061호 **등록일자** | 2000년 5월 6일
주소 | 경기도 파주시 회동길 201(문발동) (우 10881)
전화 | 031 - 955 - 2145(기획개발), 031 - 955 - 2100(마케팅·영업·독자문의)
브랜드 사업 문의 | license21@book21.co.kr
팩시밀리 | 031 - 955 - 2177
홈페이지 | book21.com

ISBN 978-89-509-4303-5
ISBN 978-89-509-4298-4(세트)

Copyright©2024 Book21 아울북·CJ ENM. ALL RIGHTS RESERVED.
이 책을 무단 복사·복제·전재하는 것은 저작권법에 저촉됩니다.

* 잘못 만들어진 책은 구입하신 서점에서 교환해 드립니다.
* 가격은 책 뒤표지에 있습니다.

⚠ **주의** 1. 책 모서리가 날카로워 다칠 수 있으니 사람을 향해 던지거나 떨어뜨리지 마십시오.
   2. 보관 시 직사광선이나 습기 찬 곳을 피해 주십시오.

* 제조자명 : (주)북이십일
* 주소 및 전화번호 : 경기도 파주시 회동길 201(문발동)/031 - 955 - 2100
* 제조연월 : 2025.2.1
* 제조국명 : 대한민국
* 사용연령 : 3세 이상 어린이 제품

다양한 SNS 채널에서 아울북과 을파소의 더 많은 이야기를 만나세요.

인스타그램 @owlbook21
페이스북 @owlbook21
네이버카페 owlbook21
네이버포스트 아울북

* **일러두기** 이 책에 나오는 지명과 인명은 《표준국어대사전》을 따라 표기하였고,
  규범 표기가 미확정일 경우 감수자의 자문을 거쳐 학계의 표기를 따랐습니다.

비교하면 더 잘 보이는 역사!

조선의 정치 개혁 시기, 세계에서는 어떤 일이 일어나고 있었을까요?
한국사와 동시대의 세계사 사건들을 퀴즈로 풀어 보며,
두 역사의 연결 고리를 찾아보세요!

 남북 전쟁 당시 남부와 북부에 대한 설명을 <보기>에서 골라 각각 번호를 써 보세요.

① 종교의 자유를 찾는 40여 명의 청교도가 타고 있었다.
② 제임스 1세가 야구하는 것을 금지하자 크게 반발했다.
③ 플리머스에 정착하는 과정에서 원주민의 도움을 받았다.
④ 원주민에게 고마움을 전하기 위해 연 잔치가 추수 감사절의 유래가 되었다.

 남북 전쟁 당시 남부와 북부에 대한 설명을 <보기>에서 골라 각각 번호를 써 보세요.

<보기>
ㄱ. 땅이 기름져 대규모 목화 농장이 많았다.
ㄴ. 배가 드나드는 항구가 많아 상공업이 발달했다.
ㄷ. 노예제는 폐지하거나 금지해야 한다고 주장했다.
ㄹ. 노예제를 폐지하면 독립하겠다고 목소리를 높였다.

북부(　　　)　　　북부(　　　)